Kurs in esoterischer Astrologie

Der Mensch ist in der Sexualität gekreuzigt

Samael Aun Weor

Velag Heliakon

Original Titel: Curso Zodiacal Esotérico
Übersetzer: Osmar Henry Syring
Umschlaggestaltung: Verlag Heliakon

Druck und Vertrieb: BoD - Books on Demand, Norderstedt

www.verlag-heliakon.de
info@verlag-heliakon.de

ISBN 978-3-943208-39-9

Die Deutsche Nationalbibliothek verzeichnet diese Publikation in der Deutschen Nationalbibliografie; detaillierte bibliografische Daten sind im Internet über dnb.de abrufbar.

Inhaltsverzeichnis

Widmung

Ich widme diesen Kurs in esoterischer Bildung der Menschheit und besonders all denjenigen, die von den Schulen, Religionen, Logen und Sekten desillusioniert sind; für sie ist dieser Kurs in innerer Selbstbildung und in wahrem praktischem Wissen.

Es gibt zwei Arten von Weisheit: die Lehre des Auges und die Lehre des Herzens. Die Lehre des Auges ist für diejenigen, die sich mit den spiritualistischen Theorien zufriedengeben, und die Lehre des Herzens ist für die wahren Eingeweihten. Der Lehre des Auges gehören all die Mitglieder der sogenannten spiritualistischen Schulen an, und ihre Konzepte sind so unterschiedlich wie die Meinungen derjenigen, die sie schreiben.

Der Lehre des Herzens gehören wir, all die Meister der universellen Weißen Bruderschaft an, denn in ihr sind die ursprünglichen Wahrheiten der einzigen Weisheit enthalten; die eine erreicht uns durch die Schlussfolgerung und die andere mittels der Intuition; die eine wird vom Intellekt erschaffen, die andere vom inneren Meister; die eine ist menschlich, die andere göttlich.

Die Lehre des Auges stärkt den Verstand, deshalb ist der Materie-Verstand der Sitz des Verlangens; er denkt, urteilt, analysiert, zieht Schlussfolgerungen und führt zur falschen Handlung; er will alles selbst lösen, ohne die Stimme des inneren Meisters in Betracht zu ziehen. Der innere Meister analysiert nicht, urteilt nicht, denkt nicht nach, denn seine Stimme ist die Stimme der Intuition. Die Lehre des Herzens öffnet die Türen der Halle der Weisheit.

Die Schulen haben bereits gegeben, was sie geben sollten; die Zentren der Weisheit wurden zu Geschäftsräumen, jedes mit seinem Tyrannen, der seinen Adepten und Anhängern verbietet, sich auf die Suche nach Wissen zu begeben; hier die Verbote, da die Exkommunikation und Drohungen und immer wird alles auf morgen verschoben; das Passwort, das rettende Amulett, das Nonplusultra … der Geheimnisse, die keine andere Schule besitzt, und die leidenschaftlichen Anhänger warten Jahrhunderte lang sehnsüchtig darauf.

Wir wollen weder Götzendiener, noch interessieren uns Anhänger. Wir sind Wegweiser, hängt euch also nicht an uns, denn unsere Aufgabe ist nicht proselytisch. Wir weisen mit logischen Gedanken und genauen Konzepten den Weg, dem man folgen muss, damit jeder seinen inneren Meister erreicht, der still in jedem Einzelnen von euch wohnt.

Wir informieren euch, dass die Weisheit dem Innersten angehört und dass die Tugenden und Gaben keine Fragen von Posen oder vorgetäuschter Sanftmut sind, sondern dass sie gewaltige Wahrheiten sind, die uns in mächtige und riesige Eichen verwandeln, damit die Gedankenstürme, die Drohungen der Finsteren, der Neid der Tyrannen und die Schmähungen der Bösewichte an unserer starken Persönlichkeit zerschellen.

Dieser Kurs ist für die Rebellen aller Schulen; für diejenigen, die sich nicht dem Willen der Anführer fügen; für diejenigen, die mit all den Glaubensrichtungen nicht einverstanden sind; für diejenigen, die trotz allem noch etwas Beherztheit haben und im Herzen einen Funken Liebe.

Uns interessiert weder irgendjemandes Geld, noch begeistern uns Gebühren, Hörsäle aus Stein, Zement oder Lehm, denn wir sind bewusste Mitglieder der Kathedrale der Seele und wissen, dass die Weisheit der Seele angehört. Die Schmeicheleien ekeln uns an; und das Lob sollte nur für unseren Vater sein, der im Verborgenen sieht und uns jeden Augenblick bewacht.

Wir sind nicht auf der Suche nach Anhängern, wir wollen nur, dass jeder sich selbst folgt, seinem eigenen inneren Meister, seinem heiligen Innersten, denn dieser ist der Einzige, der uns retten und glorifizieren kann.

Ich folge niemandem, deshalb soll auch mir niemand folgen.

Die Menschen predigen menschliche Weisheiten und unser Vater das Brot des Lebens, die Wahrheit ist das, was euch freimacht. Wer ihm folgt, verwandelt sich in einen Anführer seiner selbst und in einen Gesegneten.

Wir wollen keine Komödien mehr, keine Possenspiele, keinen falschen Mystizismus und keine falschen Schulen; jetzt wollen wir lebendige Wahrheiten und uns darauf vorbereiten, die Wirklichkeit dieser Wahrheiten zu sehen, zu hören, zu spüren.

Ergreifen wir das Schwert des Willens, um alle Ketten der Welt zu zerbrechen und stürzen wir uns unerschrocken in die schreckliche Schlacht der Befreiung, denn wir wissen, dass die Rettung im Menschen selbst liegt.

Vorwärts, Sieger! Auf in die Schlacht, Krieger!

Samael Aun Weor

Kurs in esoterischer Astrologie

Für die Schüler der Gnosis

Widder

21. März bis 19. April

Körperteil: Kopf

Metall: Eisen

Stein: Rubin

Planet: Mars

Farbe: rot

Element: Feuer

Tag: Dienstag

Regent: Samael

Geliebter Schüler:

Bevor wir beginnen, die esoterische Astrologie zu studieren, muss ich euch einige Anweisungen geben, die als positive Orientierung in diesem Kurs dienen.

Im atomaren Kern jeder siderischen Sonne oder jedes Planeten oder jedes lunaren Satelliten oder jedes Kometen gibt es immer einen „Herzenstempel", der die heilige Wohnstätte eines siderischen Genius ist und deshalb ist die gesamte Unendlichkeit ein System von Herzen, und deshalb ist die esoterische Astrologie eine Religion des Lichtes und des Herzens.

Jeder einzelne unserer Planeten hat seinen siderischen Regenten:

Gabriel ist der Regent des Mondes.

Rafael ist der Regent des Merkur.

Uriel ist der Regent der Venus.

Michael ist der Regent der Sonne.

Samael ist der Regent des Mars.

Zachariel ist der Regent des Jupiter.

Orifiel ist der Regent des Saturn.

Das sind die sieben Geister vor Gottes Thron.

Wie wir bereits gesagt haben, lebt jeder von ihnen in einem Herzenstempel und deshalb ist die esoterische Astrologie die Religion des Lichtes und der Liebe.

Das sind die sieben Engel, die sich die Herrschaft der Welt während sieben verschiedener Epochen aufteilen, denn die gesamte Geschichte der Welt umfasst sieben Epochen. Die sieben Planeten sind die Saiten einer göttlichen Lyra, die das Wort des Schöpfers in einer unaussprechlichen Melodie erklingen lässt. Das gesamte Sonnensystem ist der himmlische Körper eines großen Wesens: des „Logos“ des Sonnensystems, des „Unaussprechlichen.“

Das Sonnensystem gleicht von Weitem gesehen einem Menschen, der durch die unaussprechliche Unendlichkeit wandert. Die sieben Geister vor dem Thron sind, so könnte man sagen, seine Minister und die Rektoren der kosmischen Evolution dieses Sonnensystems.

Nun gut, ihr wisst, dass jedes Rad eine Achse hat und deshalb werdet ihr verstehen, dass im Zentrum jeder Masse der Drehpunkt der Bewegung liegt.

Eine Masse kann nur von ihrem Zentrum aus beherrscht werden und das Zentrum jeder Masse ist der Geist; deshalb behaupten wir, dass in jedem siderischen Zentrum ein Herzenstempel existiert, der die Wohnstätte des Genius des Sterns ist, und genau diese himmlischen Genien sind die wahren Herrscher der Unendlichkeit und die Regenten und Herren unserer eigenen menschlichen Schicksale.

Die profanen Astrologen z. B. sagen, dass eine Quadratur zwischen Saturn und Mars euch eine Katastrophe bringt, oder dass eine Opposition von Venus und Mars gescheiterte Liebe bedeutet, usw., aber diese Vorhersagen der profanen Astrologie können fehlschlagen, auch wenn die mathematischen Berechnungen exakt sind, denn die siderischen Kräfte sind keine blinden Kräfte.

Diese Kräfte sind eigentlich die Strahlen der planetarischen Genien und diese Herren können alle menschlichen Ereignisse verändern, auch wenn das Horoskop voller Quadraturen und Oppositionen ist. Also ist die arithmetische Astrologie nicht exakt; deshalb behaupte ich, dass man kein wahrer Astrologe sein kann, ohne ein alchemistischer Theurg zu sein.

Der große Theurg Jamblichus rief die planetarischen Genien an und materialisierte sie in der physischen Welt, um mit ihnen zu sprechen, und mit ihrer Hilfe vollbrachte er seine großen Wunder. Die Theurgie oder göttliche Magie kann nur mittels des Innersten des Theurgen praktiziert werden, und der Innerste ist unser Geist, unser höheres *Ich*, unser Engel. Es ist auch richtig, dass die Natur ein großes alchemistisches Laboratorium ist, in dem es Essenzen gibt und in dem sich Ereignisse aller Art verknüpfen.

In den Schulen der innerlichen Lehre wird uns diese goldene Regel eingeprägt: *Den Löwen des Gesetzes bekämpft man mit der Waage. Wenn ein niederes Gesetz durch ein höheres Gesetz transzendiert wird, löscht das höhere Gesetz das niedere aus.*

Das vollkommene Verständnis dieser zwei goldenen Regeln erlaubt uns, die verhängnisvolle Wirkung aller Quadraturen und Oppositionen unseres persönlichen Horoskops aufzuheben. Das bedeutet, dass wir mittels dieser goldenen Regeln das Karma auslöschen und im Leben triumphieren können. Prägt euch diese zwei goldenen Regeln gut ein in euren Verstand, denn in den folgenden Lektionen werde ich euch zeigen, wie man ihre Formeln einsetzt.

Dieser Kurs in esoterischer Astrologie wird euch in Theurgen und Alchemisten verwandeln und alle eure geheimen Mächte entwickeln; dann werdet ihr lernen, wie ihr euch unsichtbar machen könnt, wie man die planetarischen Götter in der physischen Welt anruft und materialisiert, um mit ihnen zu sprechen, wie man das Karma auslöscht und die geheime Kunst, im Leben mithilfe bestimmter geheimer Formeln zu triumphieren, die euch erlauben, die siderischen Strahlen für eure eigenen Zwecke und um anderen Menschen zu helfen, zu nutzen.

Um das Vorwort dieser Lektion zu beenden, sage ich euch noch, dass es in der Vorhalle jedes siderischen Tempels zwei Säulen gibt, eine weiße und eine schwarze. Die Säule auf der rechten Seite heißt „Jachin“ und die Säule auf der linken Seite heißt „Boas.“

Lieber Schüler, du musst auch wissen, dass es neben jeder Säule einen Wächter gibt.

Der Wächter der rechten Säule hält den Stab der Gerechtigkeit in der Hand und der Wächter der linken Säule hat ein Buch in seinen Händen.

Jachin und Boas sind die zwei Passwörter, die euch erlauben, in den Herzenstempel jedes Sterns einzutreten, um die Strahlen anzuwenden und Ereignisse in der physischen Welt hervorzurufen.

* * *

Lieber Schüler:

Befassen wir uns nun mit unseren esoterischen Lehren der Konstellation Widder. Dieses Sternzeichen beherrscht den Kopf und ist das Heim des kriegerischen Mars; sein Metall ist das Eisen, sein Stein ist der Rubin, seine Natur ist das Feuer.

Die Widder Geborenen sind deshalb von Natur aus kriegerisch; sie können sehr zornig werden, und weil sie große marsianische Energie besitzen, fühlen sie sich in der Lage, sich auf große Unternehmungen einzulassen und diese zu einem guten Ende zu bringen. Gewöhnlich sind sie in der Liebe nicht glücklich, denn ihre leichte Reizbarkeit führt zu Unstimmigkeiten und Trennungen in der Partnerschaft.

Während dieses Zeichens soll der Schüler seinen Kopf mit Licht füllen, um seine Hypophyse und Zirbeldrüse zu erwecken. In diesen zwei Drüsen wohnt die Kraft der Hellsichtigkeit. Beide Drüsen sind durch einen sehr dünnen Kanal verbunden, der in Leichen verschwindet, und wenn die beiden Drüsen ihre leuchtende Aura verbinden, wird der Mensch hellsichtig und nimmt dann alle Wunder der übernatürlichen Welt wahr.

Er wird alle Geheimnisse kennen, die Gedanken der Männer und Frauen und er wird die siderischen Götter sehen und mit ihnen sprechen. Wer kann vor ihm ein Geheimnis verbergen? Ein erleuchteter Hellsichtiger ist voller Licht und Feuer.

Die Übungen dieses Zeichens sind Folgende:

Übung

Der Schüler soll sich in einen bequemen Sessel setzen und fünf Minuten lang an nichts denken.

Dann soll er folgendermaßen zu seinem Innersten beten:

„Mein Vater, du, der du ich selbst bist, der du mein wahres Sein bist, ich flehe dich an, dich zum Hauptstern der Konstellation Widder zu begeben, um den höchsten Genius dieser Konstellation zu mir, in dieses bescheidene Haus zu bringen, damit er mein Gehirn heilt und all die verborgenen Mächte in meinem Kopf erweckt.“

Dann macht der Schüler mit den Händen über dem Herzen gekreuzt eine kleine Verbeugung, um den Wächter der rechten Säule zu grüßen, er atmet tief ein, wie ein Seufzer und spricht dann das Passwort: *Jachin*.

Danach begrüßt er den Wächter der linken Säule auf die gleiche Weise und spricht das Wort *Boas*. Nun betet er erneut zu seinem Innersten:

„Mein Vater mache die sieben heiligen Schritte zum Inneren des Tempels und knie nieder zu Füßen des Genius des Widders, bitte ihn, zu kommen und die Mächte meines Gehirns zu erwecken und meinen Kopf mit Licht zu überfluten.“

Dann vokalisisert der Schüler das Mantram **AOM**. Dieses Mantram wird vokalisiert, indem man den Mund beim Vokal A weit öffnet und beim Vokal O rundet und beim Buchstaben M schließt, folgendermaßen:

Aaaaaaaaaoooooooommmmmm.

Dieses Mantram wird vier Mal vokalisiert, damit das Licht unser Gehirn vollkommen überflutet. Anschließend steht der Schüler auf; er streckt seine rechte Hand nach vorne und bewegt den Kopf sieben Mal nach vorne und sieben Mal nach hinten; er dreht ihn sieben Mal rechts herum und sieben Mal links herum, damit das Licht auf alle Drüsen des Gehirns wirkt und sie überflutet.

Die Zirbeldrüse wird von Mars beeinflusst und die Hypophyse von Venus. Die Hypophyse erzeugt den Schlaf und die Zirbeldrüse treibt uns zum Kampf an; und so möchte Mars weiter kämpfen während Venus schlafen will.

Während dieses Sternzeichens soll der Schüler täglich eine Stunde lang den Vokal **I** folgendermaßen vokalisieren:

iiiiiiiiiiiiiiiiiii

Dieser Vokal lässt die Zirbeldrüse vibrieren und am Ende werdet ihr hellsichtig. Eine entwickelte Zirbeldrüse verwandelt uns in Übermenschen und eine verkümmerte Zirbeldrüse verwandelt uns in Idioten.

Die Zirbeldrüse ist bei keuschen Menschen entwickelt und bei Unzüchtigen verkümmert. Wenn du, lieber Schüler, dich also in einen Engel verwandeln willst, ist jede Art von Koitus vollständig verboten.

Die Zirbeldrüse ist das Fenster des Brahama, eine Quelle der Akkumulation für den Magier und der Schüler sollte folgende Übung jede Nacht vor dem Schlafen ausführen:

Setze dich eine halbe Stunde lang in einen bequemen Sessel. Schließe die Augen. Entferne alle Gedanken aus deinem Verstand. Stell dir dann vor, dass das Feuer der Konstellation Widder vom Himmel herabsteigt und durch die Zirbeldrüse in die feurigen Säulen eindringt.

Diese Drüse befindet sich im oberen Teil des Gehirns und in ihr wohnt die Macht, das „Übersinnliche“ aller Dinge zu sehen. Wenn der Schüler mit Beharrlichkeit und Ausdauer die Übungen des Widders durchführt, wird er ein erleuchteter Hellsichtiger werden.

Bei diesen Übungen wird der Schüler von den Herren des Widders unterstützt und diese werden seine Mächte erwecken und sein Gehirn mit speziellen Behandlungen heilen. Der Schüler kann die Macht dieser Hierarchien auch nutzen, um andere zu heilen.

Widder ist das Haus des Mars und Mars ist der Planet des Krieges. Die roten Hierarchien des Mars haben dem Menschen den Astralkörper geschenkt; Samael ist der höchste Herrscher der Astralebene; er und seine Krieger. Indem wir täglich über das Tatwa Tejas meditieren, aktualisieren wir die Mächte des Astralkörpers.

Das Tatwa Tejas oder der feurige Äther ist das *causa causorum* jeder Flamme. Die Astralebene ist die feurige Welt.

In Brüderlichkeit, der Meister eures Kurses,

Samael Aun Weor

Stier

20. April bis 19. Mai

Beherrscht: Hals, Nacken und Ohren

Metall: Kupfer

Stein: Smaragd und Achat

Planet: Venus

Farbe: Grün

Element: Erde

Regent: Uriel

Lieber Schüler:

In der vorangegangenen Lektion habe ich versprochen, euch die Schlüssel dieser zwei goldenen Regeln zu geben.

Der Löwe des Gesetzes wird mit der Waage bekämpft.

Wenn ein niederes Gesetz durch ein höheres Gesetz transzendiert wird, löscht das höhere Gesetz das niedere aus.

Die Lösung dieser zwei goldenen Regeln liegt in der dritten, die folgendermaßen lautet:

Tue Gutes, um deine Schulden zu bezahlen.

Nun gut, stellt euch eine Waage vor: auf einer Waagschale sind eure guten Taten und auf der anderen eure schlechten Taten und euer entsprechendes Karma.

Wenn die karmische Waagschale sich zu eurem Nachteil senkt, dann könnt ihr dem entgegenwirken, indem ihr mehr

Gewicht auf die Schale mit den guten Taten legt, und dann senkt sich die Waage zu euren Gunsten und so bezahlt ihr Karma.

In der übersinnlichen Welt gibt es einen Tempel der Herren des Karma und der große Herrscher dieser Archonten des Schicksals ist der *Schakal*. Dieses großartige Wesen ist der höchste Richter des kosmischen Tribunals, sein Erscheinungsbild ist ein großer Mann mit einem Schakalkopf.

Wenn wir in der kosmischen Bank Kapital angesammelt haben, bezahlen wir unsere Schulden und vermeiden Schmerzen. Wer täglich neue Einzahlungen in die kosmische Bank macht, wird immer genug haben, um seine alten Schulden zu bezahlen. Was das Bezahlen der Schulden anbelangt, muss man das Gesetz der Analogien und Entsprechungen bedenken. Die karmischen Analogien bekämpft man mit den dharmischen Analogien.

Karma und Dharma: Diese zwei östlichen Wörter bedeuten Strafe und Belohnung. Auf eine mehr philosophische Weise würden wir sagen, schlechte Tat und schlechte Folge, gute Tat und gute Folge. Indem man die Ursache verändert, verändert man die Wirkung, denn die Wirkung ist nichts anderes als die in einer anderen Form reproduzierte Ursache.

Wenn man euch einsperren will, schenkt einem anderen die Freiheit! Wenn man euren Sohn desinkarnieren will, heilt euren Nächsten!

Lebt ihr im Elend? Gebt das, was ihr habt einem Hungrigen und opfert all eure Anstrengungen zugunsten der anderen. Bittet die Herren des Karma im Gebet und ihr werdet erhört.

Lieber Schüler, vergiss nicht, dass die Gerechtigkeit die höchste Barmherzigkeit und die höchste Unbarmherzigkeit des Gesetzes ist. Nun haben wir euch die zwei goldenen Regeln gelehrt und euch erklärt, wie man Karma bezahlen kann.

In den folgenden Lektionen werde ich euch lehren, wie man die siderischen Strahlen handhabt.

Wer hat, dem wird gegeben und je mehr er gibt, desto mehr bekommt er: das ist das Gesetz.

Aber diejenigen, die nur Böses tun, werden Opfer ihrer eigenen Taten.

Warum leiden die Menschen? Warum lästern sie gegen Gott, wenn Gott nicht am Leiden der Menschen schuld ist? Wir selbst sind die Schöpfer unseres Schicksals. Werdet heilig, geliebte Schüler, werdet heilig!

Es gibt drei ewige Dinge im Leben: das Gesetz, das Nirvana und den Weltraum.

Kommen wir nun zu den Erklärungen und Übungen der Konstellation Stier. Die Sternenanhäufung, die die Konstellation Stier bildet, ist das Heim der Venus, dem unaussprechlichen Stern der Liebe, der Beginn der Morgenröte, und somit ist der Stier venusischer Natur.

Die Stiere sind von venusischer und liebevoller Natur. Sie lieben sehr in der Liebe und erfahren immer große Enttäuschungen.

Die Stiere sind sanftmütig und fleißig wie der Ochse, der diese Sternengruppe symbolisiert, aber manchmal sie sind auch aggressiv wie der Stier. Sie sind beharrlich und gefräßig, romantisch und sinnlich. Sie lieben die Musik, den Tanz und die Schönheit. Sie haben eine Begabung für alle Arten der Handwerkskunst.

Der Stier beherrscht den Kehlkopf und den Hals. Der Kehlkopf ist auch eine sexuelle Gebärmutter, in der das Wort entsteht. Das Sexualorgan der zukünftigen göttlichen Menschheit wird der schöpferische Kehlkopf sein.

Das sexuelle Feuer von Kundalini erschafft durch das Wort. In unseren Werken mit den Titeln „Die perfekte Ehe“, „Die Revolution des Bel“ und „Tratado de Medicina Oculta y Magia práctica“ sprechen wir ausführlich über Kundalini und lehren das große Arkanum oder höchste Geheimnis, um die schlafende Prinzessin Kundalini zu erwecken.

Das Wort ist eng verbunden mit den vier Elementen der Natur und deshalb war es den Eingeweihten in den alten Mysterientempeln verboten, von den alten Katastrophen des antiken Arkadiens zu sprechen, aus Angst, sie erneut hervorzurufen.

Die alten Hierophanten wussten sehr gut, dass das Wort mit den vier Elementen der Natur in Verbindung steht, und dass über eine Katastrophe zu sprechen, bedeutet, sie erneut hervorzurufen. Deshalb sprachen die alten Eingeweihten niemals öffentlich über die archaischen Katastrophen.

Ein unfreundliches Wort verfolgt uns und trifft später denjenigen, der es ausgesprochen hat, wie ein Blitz der Rache. Nicht nur mit dem sexuellen Akt begeht man Unzucht: Es gibt auch eine andere Art von Unzucht, die mit dem Wort.

Der schlechte Gebrauch des Wortes ist auch Unzucht: Die Unzucht mit dem Wort erschafft Larven und Unglück. Es schmerzt, zu sehen, wie die Menschen das Wort missbrauchen und die Welt mit Leid füllen. Die Verleumdung ist die schlimmste aller Blasphemien.

Man soll in sich selbst die Vollkommenheit des Wortes und der Sprache verwirklichen. Man soll die Verantwortung des Wortes verstehen. Man soll lernen, das Sexualorgan des Wortes zu handhaben.

Fühlst du nicht die Notwendigkeit, zu lernen, wie man mit dem Wort umgeht? Hör mich an, lieber Schüler, wir, die Mitglieder des Heiligen Kollegiums der Eingeweihten können jedes beliebige Ding mit den Gedanken erschaffen und es mithilfe des Wortes materialisieren.

Sei vorsichtig, wenn du Vornamen und Nachnamen erwähnst. Wenn du eine Geschichte erzählst, nenne nie Vornamen oder Nachnamen, denn das ist Verleumdung.

Wenn du ein Philosoph bist, bekämpfe die Theorien, aber sprich niemals über das Privatleben ihrer Schöpfer.

Wenn man von einem Anführer spricht, sprich über seine Lehre, aber erwähne nie sein Privatleben. Jeder hat seine Art zu sein und niemand sollte sich um das Privatleben der anderen kümmern.

Es ist genauso schlecht, zu sprechen, wenn man schweigen sollte, wie zu schweigen, wenn man sprechen sollte.

Manchmal ist Sprechen ein Verbrechen und manchmal ist auch Schweigen ein Verbrechen.

Es gibt verbrecherisches Schweigen und es gibt auch niederträchtige Worte.

Man muss sprechen, wenn man sprechen muss und schweigen, wenn man schweigen muss.

Man muss in sich selbst die Vervollkommnung des Wortes verwirklichen. Man muss in sich selbst die Weisheit des Wortes verwirklichen.

Die Menschen haben den Begriff der Aufrichtigkeit verloren. Heutzutage haben die menschlichen Worte die Aufrichtigkeit nicht mehr in sich und die Menschen leiden wegen der fehlenden Aufrichtigkeit. Heutzutage sind die menschlichen Worte voller Lügen und Heuchelei. Weißt du, was Lügen sind? Lügnerische Worte erzeugen Ungeheuer.

Hast du schon einmal die Geburt eines monsterhaften Kindes gesehen? Das ist das Karma von unwahren gesprochenen Worten in vorherigen Leben. Wir bewundern das Wesen der Ehrlichkeit sehr. Auf unsere weiße Insel könnte niemals ein Lügner gelangen.

Wir haben in diesem Kurs die Konstellation Stier erreicht. Dieses Sternzeichen regiert den Hals und hier wiederholt sich erneut der Kampf zwischen Venus und Mars.

Venus herrscht über die Schilddrüse und Mars über die Nebenschilddrüse. Es ist ein ewiger Kampf zwischen Venus und Mars. Während einige Drüsen die Produktion des Speichels erhöhen, vermindern andere sie. Dieser Kampf findet in unserem ganzen Organismus statt.

Venus steht mit der Liebe in Verbindung und Mars mit dem Krieg. Der Astrologe muss lernen, das Funkeln der Sterne zu lenken.

Kennt ihr irgendein Heim, in dem Bitterkeit regiert? Wollt ihr uneigennützig dienen? Kennt ihr irgendeine arme Frau, die im Elend von einem Liebhaber zurückgelassen wurde? Wollt ihr dieser Frau helfen? Hört mich an, liebe Schüler, denn ich werde euch lehren, das Funkeln der Venus zu lenken.

Setzt euch in einen bequemen Sessel.

Schließt euere Augen.

Entfernt jede Art von weltlichen Gedanken aus euerem Verstand und konzentriert eure Gedanken auf euren inneren Meister, indem ihr folgendermaßen betet:

Gebet

Mein Vater, der du mein wahres Sein bist, ich bitte dich mit ganzem Herzen und mit ganzer Seele, dich in den Herzenstempel des Sterns Venus zu begeben, um zu Füßen Uriels niederzuknien und ihn um folgenden Gefallen zu bitten: (man bittet um den erwünschten Gefallen).

Der Schüler grüßt dann mental den Wächter der rechten Säule, er atmet tief ein und spricht das Passwort Jachin aus. Danach tut er dasselbe mit dem Wächter der linken Säule und spricht das Passwort Boas aus, d. h., zuerst das tiefe Einatmen, dann bittet er seinen inneren Meister, indem er sagt:

Herr, macht nun sieben Schritte ins Innere des Tempels, um die Bitte vorzutragen. Mein Vater, mein Herr, mein Gott ...

Nach diesem Ersuchen bittet man Uriel mit ganzem Herzen um einen Chor von Engeln, um das Werk zu vollbringen. (Die Engel erschaffen, indem sie singen.)

Wenn der Engel der Venus uns unsere Bitte gewährt, beginnt der Chor der Engel, die seine Kinder sind und mit ihm im Herzenstempel von Venus wohnen, in der *heiligen Sprache* zu singen, um die von uns erbetene Arbeit zu vollbringen. So erschafft das Heer der Stimme mithilfe des Wortes.

Jeder weltliche Beobachter kann, wenn er den Himmel in diesen Augenblicken beobachtet, den Planeten Venus intensiv und seltsam leuchten und strahlen sehen.

Tatsächlich wäre der Beobachter erstaunt, wenn er das wahre Funkeln der Venus in diesen Augenblicken sehen könnte.

Die Hierarchien von indigoblauer Farbe des Sterns Venus haben uns den Kausalkörper oder Willenskörper geschenkt. Sie gewähren uns unsere Bitte, wenn das Karma es erlaubt. Wenn die Bitte jedoch nicht gewährt wird, dann zeigt Uriel dem Schüler die *Uhr des Schicksals* und in diesem Fall bleibt uns keine andere Wahl, als uns dem Urteil des Gesetzes zu beugen.

Es gibt in der heutigen Welt eine große Anzahl von Schulen, die versuchen, dieselben *Wunder* mittels mentaler Kraft zu vollbringen, ohne auf die Zustimmung der Herren des Schicksals zu warten.

Das ist reine und echte schwarze Magie. Der Christus-Verstand arbeitet im Einklang mit dem Gesetz. Die schwarzen mentalen Wellen kommen nicht dort an, wohin sie geschickt werden, weil es in der übersinnlichen Welt eine Menge Elementargeister der Luft gibt, die die Wellen einfangen und ihnen den Weg versperren.

Es gibt auch im Weltraum zahllose Kräfte, die die schädlichen mentalen Wellen umleiten oder auflösen. So können die finsteren Wellen also nur Schaden anrichten, wenn das Opfer weder zu lieben noch zu vergeben weiß.

Die mentale Kraft ist völlig unzureichend, wenn man nicht mit der Kraft des Innersten arbeitet.

Der Theurg benutzt die mentale Kraft, aber indem er sie mit dem Innersten vereint, das ist der Christus-Verstand. Der Theurg arbeitet nur mit den göttlichen Kräften seines *inneren Engels* und seines Christus-Verstandes.

Die heiligen Meister der weißen Brüderschaft arbeiten mit dem Theurgen und mit seinem Christus-Verstand zusammen. Die siderischen Genien vollbringen ihre Wunder mit dem Strahl der Gerechtigkeit, wenn der Theurg am Altar des *Löwen des Gesetzes* zelebriert.

Sehen wir nun die Übungen des Stiers.

In diesem Monat machen wir die folgende Übung:

Übung

Der Schüler soll sich in einen bequemen Sessel setzen.

Er soll seine Augen schließen, seinen Verstand von allen Gedanken befreien, ein bisschen einschlafen und dann seinen Verstand nach innen, auf den Innersten konzentrieren und folgendermaßen beten:

Gebet

Mein Vater, begebe dich jetzt auf den Hauptstern des Sternzeichens Stier, tritt durch die Türen des Herzenstempels, mache die Begrüßungen, die du schon kennst und bitte den siderischen Genius dieses Sterns und seine Engel, die Güte zu haben, sich zu mir zu begeben, um mich vorzubereiten und meine Kehle zu heilen.

Der Schüler schläft dann ein und stellt sich vor, wie das in seinem Kopf angesammelte Licht jetzt in den Kehlkopf herabsteigt, während er das Wort **AOM** ausspricht.

Beim Vokal **A** stellt er sich vor, wie das Licht vom Kopf zur Kehle hinabsteigt; beim Vokal **O** stellt er sich vor, wie das Licht die Kehle durchflutet; und beim Vokal **M** atmet der Schüler aus, als ob er alle Schlacken ausstoßen würde, die sich in der Kehle befinden.

Dieses Mantram wird vier Mal gesprochen.

Ich muss meine Schüler darauf hinweisen, dass die Begrüßung, so wie ich sie beschrieben habe, als ich über Venus sprach, zusammen mit den Passwörtern Jachin und Boas für alle Sterne des Himmels angewandt wird.

Die Genien der Konstellation Stier kommen persönlich, um die Mächte des Kehlkopfs zu erwecken, und wenn der Schüler irgendeine Krankheit des Kehlkopfs hat, kann er diese Genien des Stiers darum bitten, geheilt zu werden und sie werden ihn heilen.

Der Schüler kann diese Kräfte auch nutzen, um andere zu heilen.

Der Schüler sollte täglich eine Stunde lang den Vokal **E** folgendermaßen aussprechen:

eeeeeeeeeeeeeeeeee

Der vibrierende Klang dieses Vokals wird ihm die Macht des okkulten Gehörs erwecken.

Der Vokal **E** lässt die Schilddrüse vibrieren, die das Zentrum des magischen Gehörs ist.

Der Vokal **E** entwickelt auch die Hellsichtigkeit des Mentalkörpers.

Der Vokal **E** lässt den Mentalkörper vibrieren und schenkt uns die Macht des konzeptuellen Synthetisierens und die Macht, den inneren Sinn der Worte zu begreifen.

In Brüderlichkeit, der Meister eures Kurses,

Samael Aun Weor

Zwilling

20. Mai bis 20. Juni

Beherrscht: Arme, Schultern, Lungen und Bronchialsystem

Metall: Quecksilber

Stein: goldener Beryll

Planet: Merkur

Farbe: Orange und Hellgelb

Element: Luft

Tag: Mittwoch

Regent: Rafael

Lieber Schüler:

Die Übungen der Konstellation Stier habt ihr nun praktiziert, beschäftigen wir uns jetzt mit der strahlenden Konstellation Zwilling.

Dieses Sternzeichen beherrscht die Arme, Lungen und Beine und ist im wesentlichen von merkurischer Natur.

Zwilling ist das Heim des Merkur. Das Metall dieses Sternzeichens ist das Quecksilber.

Der Stein ist der Goldberyll und die Farbe ist gelb.

Die Herren des Merkur lehren die Menschheit zurzeit, wie man im Astralkörper reist. Der Schüler muss unbedingt lernen, im Astralkörper zu reisen. Die wahren Mysterienschulen befinden sich auf der Astralebene. Deshalb ist es wichtig, dass der Schüler lernt, mit dem Astralkörper zu reisen. Es ist wichtig, dass der Schüler lernt, diese Heiligtümer der innerlichen Schulung zu betreten, um Anweisungen direkt von den Meistern der großen Weißen Loge zu empfangen.

Die Zeit ist gekommen, in der die Schüler lernen müssen, willentlich diese Heiligtümer der Astralebene zu betreten, um die Lehre direkt von den großen Lehrern zu erhalten. Die Stunde ist gekommen, die Theorien hinter sich zu lassen und direkt zur Praxis zu gehen.

Die Herren des Merkur helfen jedem, der ihre Hilfe erbittet. In der zukünftigen Ära wird der Mensch nicht mehr in seinem Körper eingeschlossen sein, wie in einem Gefängnis.

Der menschliche Körper wird sich in einen bequemen und luxuriösen Tempel verwandeln. Der Mensch wird lernen, wann immer er will, diesen Tempel zu verlassen oder zu betreten.

Merkur tritt gerade aus einer kosmischen Nacht, aber im Laufe der Zeit wird man die kosmischen Wirkungen des Funkelns von Merkur immer intensiver bemerken.

Es ist auch unbedingt notwendig, dass der Schüler lernt, diese siderischen Tempel mit dem Astralkörper zu besuchen. Die wichtigsten Übungen des Sternzeichens Zwilling dienen dem Ziel, den Gebrauch und die Handhabung des Astralkörpers zu lernen.

Wir lehren unseren Schülern bei diesem Sternzeichen auch die Kunst des Jinas-Zustandes, der erlaubt, sich in wenigen Augenblicken mit dem physischen Körper zu den entferntesten und abgelegensten Orten der Welt zu begeben.

Wir geben eine Reihe von verschiedenen Schlüsseln:

1. Der Schüler soll sich in horizontaler Lage auf sein Bett legen. Er soll seinen Körper entspannen, damit kein Muskel Druck auf den Astralkörper ausübt. Er soll einschlafen, während er das Mantram **Rusti** folgendermaßen spricht:

Ruuuuuuusssssssttttttiiiii.

Dieses Mantram wird mental gesprochen. Der Schüler muss sich in diesen Augenblicken in einen Spion seines eigenen Schlafs verwandeln.

Wenn der Schüler sich in dem Zustand der Benommenheit und Schläfrigkeit befindet, der dem Schlaf vorangeht, soll er sich von seinem Bett erheben und aus seinem Zimmer gehen. Der Schüler soll sich in diesem Augenblicken nicht um seinen physischen Körper sorgen; er soll sich von seinem Bett erheben und sein Zimmer verlassen. Wie? Auf welche Weise?

Fast alle Schüler nehmen an, dass es sich um eine Übung des Magnetismus oder der Autosuggestion, usw., handelt, aber sie irren sich leider, denn hier geht es nicht darum, Autosuggestion oder Hypnose zu praktizieren; er soll sich einfach von seinem Bett erheben, denn die Natur tut das übrige.

Sie wird wissen, wie sie den Astralkörper vom physischen Körper trennt. Der Schüler muss nur aufstehen und aus seinem Zimmer gehen, denn die Natur erledigt das übrige.

Außerhalb des Zimmers macht der Schüler einen kleinen Sprung mit der Absicht, im Raum zu schweben, und wenn er schwebt, dann kann er sich in wenigen Sekunden zur Gnostischen Kirche begeben. Wenn er aber nicht schwebt, soll sich der Schüler erneut in sein Bett legen und das Experiment wiederholen. Einige haben sofort Erfolg, andere brauchen Monate, oder sogar Jahre, um es zu lernen.

Aber der Hartnäckige wird am Ende triumphieren.

2. Im Gehirn jedes lebendigen Wesens erklingt ständig eine Schlüsselnote, die fast nicht wahrnehmbar ist. Diese

Schlüsselnote ist die des Strahls, dem jeder angehört, und sie scheint aus den Zellen des Kleinhirns zu kommen.

Einige werden den Klang von Schalmeien und Flöten des ägyptischen Strahls hören; andere werden den Gong des orientalischen Strahls hören; andere das Rauschen des Meeres des lunaren Strahls, usw.

Wenn der Schüler all seine Gedanken in der Ruhe der Nacht zum Schweigen bringt, wird er seine Schlüsselnote hören; dann kann er mittels der Willenskraft diese Note noch stärker erklingen lassen, und wenn die Note so stark ist, dass sie den ganzen physischen Körper durchflutet und ihn halb lähmt, dann soll der Schüler aus seinem Bett aufstehen, sein Zimmer verlassen und zur Gnostischen Kirche gehen, denn dort wird ihn die weiße Brüderschaft mit unvergleichlicher Freude empfangen.

3. Wenn du träumst, dass du dich an einem bestimmten Ort befindest, und aufwachst, dann bewege dich nicht; schlaf erneut ein, mit der Vorstellungskraft auf den erwähnten Ort gerichtet.

Fühle dich, als ob du wieder dort wärst und versuchen würdest, den Traum weiter zu verfolgen, wie er war, während du dich mit deiner Willenskraft an diesen Ort des Traums verankerst. Vorstellungskraft und Willenskraft in vibrierender Harmonie vereint sind der Schlüssel dieser Übung.

4. Wenn du gerade am Einschlafen bist, konzentriere deine Vorstellungskraft und deine Willenskraft in vibrierender Harmonie vereint auf einen bestimmten Ort. Die Konzentration muss vollkommen sein und du sollst beginnen mit *Glauben* an dem vorgestellten Ort umherzugehen.

Du darfst dir nicht vorstellen, dass du dir etwas vorstellst, denn dann scheitert das Experiment. Man muss sich wirklich wie an dem vorgestellten Ort fühlen und das Schlafzimmer vollkommen vergessen.

Dieses Experiment muss in dem Übergangszustand zwischen Wachsein und Schlaf durchgeführt werden.

Sobald du dich an diesem Ort befindest, kniee nieder und bitte deinen eigenen inneren Gott, dass er dich zur Heiligen Gnostischen Kirche bringt, welche die große Kathedrale der Seele ist und der Tempel, in dem der solare Logos, unser Herr, der Christus offiziert.

5. Wenn du bedenkst, dass während des normalen Schlafs die Seele an allen vertrauten Orten umherschweift und dass sie sich im Zustand der Benommenheit mit denselben Arbeiten und Mühen wie am Tag beschäftigt, dann solltest du dich daran gewöhnen, dich den ganzen Tag zu fragen:

Wo bin ich? Bin ich in meinem Körper oder außerhalb?

Und dann machst du einen kleinen Sprung, mit der Absicht zu schweben.

Wenn du schwebst, ist es, weil du dich außerhalb des Körpers befindest und wenn du nicht schwebst, ist es, weil du im physischen Körper bist und dann folge deiner normaler Beschäftigung.

Aber wenn du schwebst, bitte deinen Innersten, dass er dich zur Heiligen Gnostischen Kirche bringt. Diese Frage sollte man sich bei allem stellen, das die Aufmerksamkeit erregt, wie eine Menschenmenge in Aufruhr, ein Beerdigungszug, ein seltsamer Gegenstand, usw.

Viele haben ihr Bewusstsein mit diesem wundervollen Schlüssel erweckt, denn als sie die Frage stellten, schwebten sie in der Luft und bemerkten, dass sie sich außerhalb des Körpers befanden und dass der Körper schlafend im Bett lag.

Denn wenn der Körper schläft, wandert die Seele umher.

Die Seele kann mittels dieses Schlüssels aus ihrer unbewussten Benommenheit treten. Ihr müsst euch während des Tages an diese Übung gewöhnen, damit sie sich in euer Unterbewusstsein einprägt und während des Schlafs tätig wird.

6. Bevor ihr in eurem Bett einschlaft, macht die folgende Übung der Autosuggestion:

Ich werde schlafen. Wenn ich jetzt irgendwo auftauche, ist es, weil ich im Astralkörper bin. Ich werde mich an mich erinnern, ich werde mich an mich erinnern, ich werde mich an mich erinnern und ich werde mich zur gnostischen Kirche begeben.

Ihr könnt diese Übung eine halbe Stunde lang machen und dann ruhig einschlafen. In der Astralebene werdet ihr euch mathematisch erinnern und beim Erwachen sollt ihr euch nicht bewegen und eine retrospektive Übung machen, um euch daran zu erinnern, wo ihr gewesen seid.

7. Schlaft ein, indem ihr das Mantram **omnis baum igneos** folgendermaßen sprecht:

ommmmmmmmmmnissssssssss
baaaaaaaauuuuuuuuummmmmm
iiiiiiiiiiiignnnneeeeeeoooossss

Ihr sollt jede Silbe aussprechen und den Klang jedes Vokals verlängern und euren Innersten bitten, euch aus eurem Körper zu holen.

Erhebt euch dann sanft von eurem Bett und schwebt im Raum zur Gnostischen Kirche.

Das sind die sieben Schlüssel, um im Astralkörper zu reisen. Es ist wichtig, dass der Theurg lernt, zu den anderen Sternen der Unendlichkeit zu reisen, dass er lernt, durch die

Türen der siderischen Tempel zu treten, um die Strahlen zu lenken und kosmisches Funkeln hervorzurufen.

Wenn der Theurg aus dem physischen Körper tritt, begibt er sich auf folgenden Weise zu den siderischen Tempeln:

Der Astralkörper beginnt, in der Form von konzentrischen Kreisen zu laufen, mit der Absicht, den Herzenstempel eines bestimmten Sterns zu erreichen.

Das Panorama ändert sich und in wenigen Augenblicken ist der Theurg vor dem siderischen Tempel und den Wächtern der Säulen „J" und „B".

Der Theurg macht die unerlässliche Begrüßung, so wie wir sie auf den vorangegangenen Seiten erklärt haben, er macht die sieben Schritte zum Inneren des Herzenstempels des Sterns und kniet dann zu Füßen des siderischen Genius nieder, mit den Knien auf dem Boden des Tempels, den Händen auf dem Boden und dem Kopf auf den Handrücken. Dann steht er auf und fleht den siderischen Genius um das an, was er will.

Wenn der Genius sagt: *gewährt*, bittet der Schüler den Chor; der Genius gibt ein Zeichen und das Heer der Stimme beginnt, in heiliger Sprache zu singen, um die „von uns erbetene Arbeit" zu verwirklichen.

Das Heer der Stimme erschafft mit dem Wort. In diesen erhabenen Augenblicken treten wir in Ekstase. Die gesamte Natur kniet vor den siderischen Göttern nieder und ihr unaussprechlicher Gesang erhebt uns zum Pleroma des Lichtes.

Die göttlichsten und bewegendsten Melodien erfüllen den unendlichen Raum und die Wasser der Flüsse raunen im Stillen: *so ist Gott*.

Es ist unmöglich, diese Momente der Glückseligkeit zu beschreiben, in denen sich die losgelöste Seele befindet.

Dort verbrüdern sich die Vergangenheit und die Zukunft zu einem ewigen *Jetzt* und dann fühlen wir die Stimme des Gesegneten, der uns vom tiefsten Grund unseres Wesens zur *ewigen Hochzeit* einlädt.

Wenn der Schüler in der Astrotheurgie schon Übung hat, dann akzeptieren ihn die siderischen Götter als Laie und überreichen ihm eine graue Tunika und einen Stab. Es ist die Tunika des esoterischen Astrologen. Es ist die wundervolle Tunika des Theurgen. Es ist die Tunika des wahren Alchemisten und in dem Maße, in dem er in seinem Wissen voranschreitet, erhält er verschiedene Grade.

Dort wird der Schüler lernen, die unterschiedlichsten alchemistischen Substanzen zu kombinieren, um verschiedene Ereignisse auf den unterschiedlichen kosmischen Ebenen hervorzurufen. Man wird in Staunen versetzt, wenn man diese Genienkinder der Sterne in den alchemistischen Laboratorien ihrer Tempel arbeiten sieht, wo sie die verschiedensten Ereignisse der physischen Ebene hervorrufen.

Samael, der Bearbeiter des Eisens, arbeitet in den Schmieden des Mars.

Anael, der Genius der Liebe und der Kunst gleicht in seinem Laboratorium der Liebe auf dem Stern Venus einem zwölfjährigen Kind, mit seinem blonden Haar und seinem rosigen Gesicht.

Michael, unbeschreiblich und unaussprechlich, regiert vom Herzen der Sonne aus die Schöpfung. Ein schrecklicher Abgrund führt zum Herzen der Sonne. Wer von euch hat den Mut, in diesen Abgrund hinabzusteigen, auf dessen Grund das Leben des Sonnensystems pulsiert?

Rafael ist der Genius des Merkur. Er gleicht einem alten Mann mit langem Bart und feuerfarbenem Gesicht. Er hält den

Dreizack der transformativen Atome in seiner Hand und dort in seinem Tempel des Merkur gleicht er einem gewaltigen Herrscher, der den kosmischen Verstand erbeben lässt.

Wer würde es wagen, seinen heiligen Befehlen nicht zu gehorchen? Und wer ist dieser andere in der weißen Tunika und dem weißen Umhang, vor dem die Säulen der Engel und der Dämonen erzittern?

Seht ihn dort im Tempel des Jupiter, wie er den Königen das Zepter gibt und die Wirtschaft der Menschen regiert; vor diesem Genius erzittern die Tyrannen, es ist **Zachariel**, der Genius des Jupiter.

In der Mitte des fahlen Mondes ist der Tempel **Gabriels**, des Fischers; er lenkt das Leben der Meere und die Tränen der Frauen.

Wollt ihr lernen, euch unsichtbar zu machen? Ruft ihn jede Nacht an, damit er euren Körper *vorbereitet;* wendet euch in täglicher Verehrung an Gabriel.

Ein gut vorbereiteter physischer Körper ist das wunderbarste Instrument für die Übungen der praktischen Magie. Ein gut vorbereiteter Körper kann sich unsichtbar machen. In einen gut vorbereiteten Körper dringt weder eine Kugel noch ein Dolch ein.

Und was können wir über den Alten des Himmels, den Herrn des Gesetzes, den alten **Orifiel**, sagen?

Oh! Saturn! Du bist das Schwert der Gerechtigkeit, das uns vom Himmel herab erreicht! In deinen Händen liegt das Leben und Tun aller Menschen. Hör mich gut an, Schüler, wähle immer den Planeten aus, mit dem du arbeiten willst.

Mars ist kriegerisch.

Venus ist liebevoll.

Merkur ist weise.

Saturn ist melancholisch und *konkret*.

Der Mond ist mütterlich.

Die Sonne ist herrschend.

Jupiter ist der Herr der hohen Persönlichkeiten.

Du sollst niemals eines dieser Häuser betreten, ohne zuvor an die Tür zu klopfen.

Die schwarzen Magier überfallen die Tempel des Himmels. Die Weißen klopfen zuerst an die Tür. Die Tür jedes Sterns ist der Herzenstempel. Die ungebetenen Besucher betreten die Sterne wie Einbrecher ein fremdes Haus.

Die Söhne des Lichts treten durch die Tür des Herzenstempels ein. Die Söhne des Lichts erbitten zuerst die Erlaubnis des Herrn des Hauses, seine Wohnung zu besuchen.

Der Herzenstempel eines Sterns ist die Ein- und Ausgangstür des Sterns. Unsere Erde hat auch einen Herzenstempel. Dieser Tempel ist die Wohnstätte des Genius der Erde. Durch ihn gelangen die Besucher der anderen Sterne hinein und hinaus.

Wisst ihr, wer der Genius der Erde ist? Es ist unser Herr Christus. Unsere Erde ist ein kleiner blauer Stern, der der Milchstraße angehört.

Im Haus meines Vaters gibt es viele Wohnungen.

Jeder Stern am Himmel ist eine Wohnung und die Tür jeder himmlischen Wohnung ist der Herzenstempel. Wenn du außerhalb des Körpers einen Bewohner eines anderen Planeten anrufst, wirst du ihn aus der Erde kommen sehen und bei der Verabschiedung wirst du ihn in den Tiefen der Erde verschwinden sehen.

Denn er ist durch die Tür des Inneren der Erde eingetreten und hinausgegangen. Du kannst auch deinen physischen Körper aus der Entfernung anrufen; kniee auf der Erde nieder und flehe den Innersten folgendermaßen an:

Mein Vater, bringe mir meinen Körper! Dann wird dir dein Innerster deinen physischen Körper bringen. Die Atome des physischen Körpers werden dir sagen: „Ich bin dein physischer Körper, kennst du mich nicht?"

Du wirst erstaunt sein, wenn du deinem eigenen physischen Körper im Schlafgewand gegenüberstehst, so wie du ihn im Bett zurückgelassen hast. Befehle dem physischen Körper nun: *Springe auf meinen Kopf und dringe durch meine Zirbeldrüse in mich ein.*

Der physische Körper wird gehorchen und du kannst mit dem physischen Körper an jedem noch so entfernen Ort der Welt sein. Wenn jemand in diesem Augenblick in dein Zimmer tritt, wird er dich nicht finden. Er wird dein Bett leer vorfinden.

Es ist unumgänglich, den physischen Körper jeden Freitag und Sonntag beim Morgengrauen zur gnostischen Kirche zu bringen, um mit Fleisch und Blut die heilige gnostische Unktion zu erhalten. Du kannst den physischen Körper auch direkt vom Bett aus dorthin bringen, ohne dass es notwendig ist, ihn von Weitem anzurufen.

Schlaf ein, während du folgende Mantrams sprichst:

Miña Pica Frasco

Erheb dich dann sehr langsam von deinem Bett und bewahre deinen Schlaf.

Mach dann einen kleinen Sprung, und wenn du dich dann wie aufgeblasen fühlst und schwebst, dann gehe aus deinem Haus und zur Gnostischen Kirche.

Die Mächte des Unterbewusstseins werden während des Schlafs aktiv und es sind diese mächtigen Energien, die uns erlauben, uns mit dem physischen Körper auf die astrale Ebene zu begeben. Das nennt man Jinas-Zustand.

Der erhabene Guru Huiracocha, Meister Arnold Krumm-Heller, erzählt uns in seinem Rosenkreuzerroman von den Jinas-Zuständen. Der weise Krumm-Heller beschreibt, wie der Kommandant Montenero aus den Händen eines Dieners eine Mitteilung bekam. Der Kommandant Monterero seufzte und sagte: „Endlich!“

Dann verließ er das Schloss von Chapultepec, und während er den Berg Chapultepec umrundete, pfiff er mehrmals. Da führte ein Eingeborener den Kommandanten Montenero zum Tempel von Chapultepec.

„Ist das ein Phänomen der vierten Dimension?“, fragte der Kommandant.

„Ja, mein Kommandant. Die gewöhnlichen Menschen nehmen diese Dinge nicht wahr“, antwortete der Eingeborene. So geschah es, dass Montenero mit seinem Körper im Jinas-Zustand seine Einweihung erhielt.

Alle Werke des berühmten Krumm-Heller (Huiracocha) sind eine Quelle der Einweihungsweisheiten, die sehr wenige Menschen verstanden haben.

Jetzt ist sein Sohn Parzival Krumm-Heller bei uns, der sich ehrlich freute, als er unsere Werke mit den Titeln „Die perfekte Ehe“ und „Die Revolution des Bel“ studierte. Parzival folgt weiter treu dem weisen Weg seines Vaters.*

---

*\) *Anmerkung: In nachfolgenden Werken sagt Meister Samael, dass Parzival Krumm-Heller dem von dieser Lehre vorgeschlagenen Pfad nicht mehr folgt.*

Im „Kurs über Sternzeichen“ von Huiracocha findet man die tiefste Weisheit über die Einweihung der Jahrhunderte.

Zwilling ist ein Sternzeichen der Luft und das Heim von Merkur. Die Herren des Merkur schenkten dem Menschen den buddhischen Körper oder die spirituelle Seele. Die Hierarchien des Merkur sind gelb oder goldgelb. Das Sternzeichen der Zwillinge erinnert uns an die Zwillingsseelen. Die erste Frau, die der Mann im Garten Eden kennenlernte, ist seine Zwillingsseele.

Die Zwillingsseelen finden sich in jedem Leben wieder. Sie verlassen Eden gemeinsam und müssen gemeinsam nach Eden zurückkehren. Wenn das Karma sie trennt, leiden sie unbeschreiblich. Die wahre Glückseligkeit der Ehe ist nur zwischen Zwillingsseelen möglich.

Wenn eine Ehe nicht mit der Zwillingsseele eingegangen wird, ist es eine karmische Ehe und man leidet unbeschreiblich. Die Zwilling Geborenen besitzen einen starken Willen; sie besitzen viel Mut, sind vielseitig und reisen gern. Ihr Leben ist eine Mischung aus Erfolg und Misserfolg.

Manchmal leben sie bequem, und dann wiederum müssen sie großes Elend erleiden. Sie sind sehr intelligent und leicht reizbar. Die Schwäche der Zwilling Geborenen ist, dass sie alle Dinge mit dem Kopf lösen wollen. Sie wollen die weise Stimme des Herzens immer zum Schweigen bringen und schaffen so Probleme und Schwierigkeiten jeder Art.

Die Übung der Zwillinge ist Folgende:

Übung

Der Schüler soll sich auf sein Bett legen, seinen Körper entspannen und fünf Mal einatmen, mit der Absicht, dass das

Licht seine Bronchien und Lungen durchflute. Er breitet seine Arme und Beine bei jedem Einatmen aus und schließt sie bei jedem Ausatmen.

Dann setzt er sich in einen bequemen Sessel und bittet seinen Innersten, sich zur Konstellation Zwillinge zu begeben, um die siderischen Götter dieser Tempel herzubringen, damit sie seinen Organismus für die praktische Magie vorbereiten.

In Brüderlichkeit, der Meister eures Kurses,

Samael Aun Weor

Krebs

21. Juni bis 22. Juli

Beherrscht: Magen

Metall: Silber

Stein: Perle

Planet: Mond

Farbe: Silber

Element: Wasser

Tag: Montag

Regent: Gabriel

Lieber Schüler:

Du hast bereits die Lektion der Zwillinge studiert und praktiziert. Heute beschäftigen wir uns mit der Konstellation Krebs.

Durch eure Studien habt ihr bemerkt, dass wir Gnostiker im Wesentlichen praktisch sind. Uns gefällt es offen gestanden nicht, das Leben mit Theorien zu verbringen; wir gehen den Dingen auf den Grund, wir sind angeödet von so viel Theorie. Wir sind in erster Linie *Realisten.*

Wir wollen Tatsachen, keine Theorien und auch keine krankhaften Intellektualitäten. Uns gefällt die wahre Realität.

Wir gehen in Richtung der großen Verwirklichungen.

Alle spirituellen Schulen sprechen über feinstoffliche Welten, aber wir gehen darüber hinaus, denn wir sind praktischer. Wir lehren unseren Schülern, mit dem Astralkörper oder sogar mit dem Körper aus Fleisch und Blut diese Welten zu betreten, auf vollkommen bewusste und positive Weise.

Mit dem physischen Körper die feinstofflichen Welten zu betreten, kommt den Theoretikern seltsam vor, denn sie können nur theoretisieren; aber denen, die es verstehen, kommt das nicht merkwürdig vor, denn das ist so alt wie die Welt. Vor nicht allzu langer Zeit entfaltete und entwickelte sich der physische Körper in der astralen Ebene. Und was nun?

Nach dieser kurzen Einleitung beschäftigen wir uns nun mit dieser Lektion über das Sternzeichen Krebs.

Krebs ist das Heim des Mondes. Sein Metall ist das Silber, sein Stein die Perle und seine Farbe weiß. Der Mond beeinflusst die Thymusdrüse, welche das Wachstum des Menschen regelt. Der Mond beeinflusst alle milchigen Säfte aller lebenden Gattungen. Der Mond reguliert die Fortpflanzung alles Lebendem.

Der Mond herrscht über den Saft aller Pflanzen und über Ebbe und Flut aller Meere. Der Mond hat Macht über das Salz und das Salz ist die Grundlage alles Lebendigen. In unserem Organismus gibt es 12 Salze, welche die 12 Salze der 12 Sternzeichen sind.

Krebs ist das Zeichen des heiligen Skarabäus. Krebs ist das Zeichen der Fortpflanzung. Die Empfängnis erfolgt durch die Strahlen des Sternzeichens Krebs und ist deshalb das Zeichen des heiligen Skarabäus. In Ägypten symbolisiert der heilige Skarabäus die Seele.

Die reinkarnierten Seelen durchqueren die Sphäre des Sternzeichens Krebs, bevor sie einen Körper annehmen. Der Krebs erzeugt die Krankheit, die seinen Namen trägt. Krebs ist das Karma der Unzüchtigen.

Der Mond ist das Symbol eines geheimen Planeten, der sich hinter ihm befindet. Die violetten Hierarchien des Herzenstempels des Mondes schenkten dem Menschen den Vitalkörper. Der Mond ist auf der Seite bewohnt, die man nicht sieht.

Die Seleniten sind die niedrigsten und zurückgebliebensten Wesen unserer Erde, man musste sie dort einsperren. Fast alle Bewohner dieses lunaren Dorfes sind Frauen.

Diese Wesen sind weder gut noch schlecht, sondern ganz einfach zurückgeblieben. Wenn sie evolutionieren, wird ihnen wieder ein Körper hier auf unserer Erde gegeben und schließlich werden alle wieder einen neuen Körper haben.

Es gibt auch einen anderen kleinen Mond, der von den Astronomen Lilith genannt wird. Lilith ist der schwarze Mond.

Dorthin gehen die Seelen, die sich schon vollständig von ihrem höheren Sein, das von Atma-Buddhi- Manas gebildet wird, getrennt haben.

Diese Seelen sind von unbeschreiblicher Verderbtheit und müssen dort den zweiten Tod erleben, auf den sich die Offenbarung bezieht und von dem uns Christus erzählt.

H. P. B. erwähnt in ihrem 3. Band der „Geheimlehre“ das Avitchi und den zweiten Tod.

Die Bhagavad Gita spricht auch über den Abgrund, es reicht jedoch von diesem Thema zu sprechen, damit die Spiritualisten Kolumbiens über uns lachen.

Ich habe nie gesagt, dass meine physische Person sich damit beschäftigt, die verderbten Seelen im Abgrund einzuschließen. Das wäre unpassend, denn ich bin ein Mensch, wie jeder andere. Diese Mächte hat nur Gott. Wunder dieser Art vollbringt nur *Atman*, der große universelle Geist des Lebens; *Alaya*, die Über-Seele von Emerson, die große Seele der Welt.

Diese Wunder hat nur mein innerer Gott vollbracht, mein *Purusha*, mein *höheres Sein*, mein Innerster, mein innerer Meister, meine Monade, mein innerer Engel, vor dem ich niederknien muss, weil er *Atman*, der Unaussprechliche ist.

Das kann auch der innere Gott von jedem von euch tun, denn *Atman* ist der Allmächtige und Unaussprechliche. Meister gibt es viele, aber *Meister-Seele* ist nur eine: die Seele der Welt, das göttliche *Alaya*, das viele zu sein scheint; Aun Weor ist der wahre Name einer Flamme des großen Feuers, vor dem ich niederknien muss.

Aun Weor bedeutet *Wille Gottes* und der Wille Gottes ist der, der dieses Werk vollbracht hat. Wenn wir also vom Avitchi sprechen, sagen wir nichts Neues; fast alle bekannten Spiritualisten erwähnen, erklären und beschreiben es. Und was nun?

Es verwundert die Spiritualisten, dass *Atman*, der große universelle Geist des Lebens, durch eine seiner Flammen wirkt, um eine kosmische Mission zu erfüllen. Ja sie wundern sich, denn die Unwissenheit in ihrer verwegenen Einfachheit ist eine himmlische Bettlerin, mit der man keinen sauberen Kontakt haben kann! Wo ist die Weisheit all dieser Dummköpfe, die mich kritisieren? Wo ist sie geblieben?

Das Avitchi ist ein sehr altes Thema: sogar Doktor J. Adoum (Magier Jefa) spricht in „La Zarza del Oreb“ vom zweiten Tod. Und was nun?

Früher blieben die Persönlichkeiten, vollständig getrennt von der göttlichen Triade (Atma – Buddhi – Manas), im Avitchi unserer Erde. (Siehe 3. Band der „Geheimlehre“ von H. P. B.)

Heutzutage hat sich das geändert: die neue Ära des Wassermannszeitalters hat gerade begonnen und die von ihrer göttlichen Dreieinigkeit getrennten Persönlichkeiten müssen von diesem Erdball isoliert werden, um die Atmosphäre von aller Bösartigkeit zu säubern. Das ist alles. Wenn das ein Grund zur Belustigung für die theoretischen Spiritualisten und die Gelegenheitsleser ist, wer trägt dann daran die Schuld?

Wenn die Brücke, die „Antakarana" genannte wird und die die göttliche Dreieinigkeit mit ihrem „niederen Ich" verbindet, zerbricht, dann ist das niedere Ich getrennt und versinkt im Abgrund der zerstörerischen Kräfte, wo es sich allmählich auflöst; das ist der zweite Tod, von dem uns die Offenbarung erzählt. Das ist der Bewusstseinszustand, der Avitchi genannt wird. In diesem Fall kleidet sich die göttliche Dreieinigkeit (Atma – Buddhi – Manas) mit einem neuen mentalen und astralen Körper, um ihre Evolution fortzusetzen, und die verworfene Persönlichkeit versinkt unter unbeschreiblichen Leiden in den Zustand des Avitchi.

Alle Monde des Sonnensystems werden von Jehova regiert, aber unser irdischer Satellit wird direkt vom Engel Gabriel regiert.

Der Magier muss gut auf die lunaren Einflüsse achten, denn alle siderischen Energien kristallisieren sich mittels der lunaren Kräfte auf unserem Erdball.

Alles, was bei zunehmendem Mond begonnen wird, entwickelt sich schnell. Alles, was bei abnehmendem Mond begonnen wird, scheitert. Der Neumond ist sehr schwach und der Vollmond ist sehr stark; er dient dazu, jede Art der praktischen Magie erfolgreich auszuführen.

Der letzte Tag des Mondes bedeutet Fehlschläge und Misserfolge. Macht eure Geschäfte immer bei zunehmendem Mond, damit ihr Erfolg habt. Hitler griff Russland bei abnehmendem Mond an und scheiterte. Wenn in der Korona des Mondes ein Stern leuchtet, ist das ein Zeichen, dass ein General von Feinden umgeben ist.

Der Mond bewirkt die Gezeiten des Meeres. Der Mond bewirkt Ebbe und Flut. Der Mond zieht den Erdmagnetismus an und stößt ihn ab.

Der Magier muss seinen Körper für die Arbeit mit der praktischen Magie vorbereiten. Der Körper des Magiers ist anders als der der anderen, denn er ist vorbereitet.

Übung

Setzt euch in einen bequemen Sessel; schließt eure Augen; verbannt aus eurem Verstand jede Art von Gedanken; fokusiert euren Verstand auf euren Innersten und betet folgendermaßen:

„Mein Vater, der du mein wahres Sein bist, ich flehe dich an, Herr, dich in den Herzenstempel des Mondes zu begeben, um den Engel Gabriel zu mir zu bringen. Entbiete die Grüße, mein Herr ... Amen, dann wendet euch zu den vier Himmelsrichtungen und ruft den Engel Gabriel folgendermaßen an, indem ihr den Norden, Süden, Osten und Westen segnet:

Anrufung

„Dreizehntausend Strahlen hat die Sonne, dreizehntausend Strahlen hat der Mond, dreizehntausend Mal sollen meine Feinde reuevoll sein."

Der Schüler bittet den Engel Gabriel, seinen Körper vorzubereiten, um sich unsichtbar zu machen oder das Gesicht zu verändern, eine Kugel oder ein Messer in einem Gefahrenmoment zu aufzuhalten, oder um irgendein höheres Wesen zu materialisieren. Jamblichus, der große Theurg, machte die siderischen Götter in der physischen Welt sichtbar, weil sein Körper gut vorbereitet war.

Der Engel Gabriel wird im Geheimen die Milz und bestimmte Zentren des Rückgrats des Schülers behandeln. Wenn der Schüler den Engel Gabriel auf der physischen Ebene sichtbar und berührbar machen kann, ist das, weil sein Körper *vorbereitet* ist.

In einem Moment der Gefahr ruft er den Engel Gabriel an, und wenn der Schüler sich unsichtbar machen will, lässt ihn der Engel Gabriel vor den Augen der Feinde verschwinden oder verwandel sein Gesicht, wenn der Schüler das wünscht.

Die Anrufung macht man immer, indem man die vier Himmelsrichtungen segnet.

Diese Übungen um den Körper vorzubereiten, sollen das ganze Leben lang praktiziert werden. Der Theurg kann die siderischen Götter auf der physischen Ebene sichtbar machen, wenn sein Körper gut vorbereitet ist. Das verlangt Geduld und Ausdauer, denn nichts wird einem geschenkt: alles fordert Anstrengung und Aufopferung.

Die Kräfte, die vom Himmel herabsteigen, treffen in unserer Thymusdrüse auf die Kräfte, die aus der Erde durch den Organismus aufsteigen und dort in der Thymusdrüse überschneiden sich die beiden Dreiecke der höheren und der niederen Kräfte, um das Siegel Salomons zu bilden.

Übung

Setzt euch und stellt euch vor, wie die kosmischen Kräfte auf wunderbare Weise aufeinandertreffen und das Siegel des Salomon in der Thymusdrüse bilden; und in tiefe Meditation versunken, bittet euren Innersten, sich in den siderischen Tempel des Hauptsterns des Krebses zu begeben, damit er die Haupthierarchien dieser Konstellation zu euch bringt, damit sie eure inneren Kräfte erwecken und diese Drüse behandeln.

Vokalisiert den Buchstaben A täglich eine Stunde lang.

Die Krebs Geborenen sind friedlich, aber manchmal sehr zornig. Sie haben eine Begabung für das Kunsthandwerk, sie sind sehr empfindlich und ihr Charakter verändert sich mit den Mondphasen. Sie fühlen sich gut auf langen Reisen. Sie sind romantisch, liebevoll und sehr beharrlich.

In Brüderlichkeit, der Meister eures Kurses,

Samael Aun Weor

Löwe

23. Juli bis 22. August

Beherrscht: Herz und Wirbelsäule

Metall: Gold

Stein: Diamant

Planet: Sonne

Farbe: gold

Element: Feuer

Tag: Sonntag

Regent: Michael

Lieber Schüler:

Wir beschäftigen uns heute mit der Konstellation Löwe. Der Löwe ist das Herz des Tierkreises und der Thron der Sonne. Löwe ist das Heim der Söhne der Flamme, die die Bibel Throne nennt.

Löwe ist das Heim der vier Kumaras. Löwe ist das Heim der Sonne und regiert unser Herz.

So wie die Sonne das Herz des Sonnensystems ist, so ist das menschliche Herz die Sonne unseres Organismus.

Die Kräfte, die in Form eines Dreiecks herabsteigen, und die, die von der Erde aufsteigen, treffen sich im Herzen, mischen sich und lösen sich auf und bilden das Siegel des Salomon. Das Herz ist die heilige Kammer der gesegneten göttlichen Mutter der Welt. Bis dort kommt die unaussprechliche Prinzessin Kundalini, „Hadit“, die geflügelte Schlange der Wüste. Das Kreuz der Einweihung wird uns im Herzenstempel überreicht.

Kundalini ist das Laboratorium, in dem das Herz arbeitet. Die Feuer des Herzens dienen zur Kontrolle der Feuer der Wirbelsäule. Kundalini steigt auf, entsprechend den Verdiensten des Herzens. Kundalini evolutioniert und entwickelt sich in der Aura des solaren Logos.

Das Herz ist das sensibelste Organ unseres Organismus. In den feinen Membranen des Herzens werden sogar die entferntesten seismischen Bewegungen der Erde registriert.

Das Herz ist der Heilige Tempel des inneren Meisters.

Der innere Meister spricht zu uns durch Ahnungen.

Wenn der Mensch diesen Ahnungen gehorchen würde, würde er ohne Probleme leben.

Der Mensch lehnt sich gegen die Stimme des inneren Meisters auf und schafft sich Probleme.

In uns gibt es zwei Menschen, die in einem ewigen Kampf leben, einer gegen den anderen. In uns gibt es einen himmlischen Menschen und einen animalischen Menschen. Der animalische Mensch möchte alle Dinge selbst lösen und so handeln, wie es ihm am besten erscheint. Der himmlische Mensch spricht in der Form von Ahnungen; seine Stimme ist die Stimme der Stille; und seine Handlungen sind immer redlich und erschaffen Glück.

Der animalische Mensch ist der Verstand, der im Kopf mit seinen sieben Toren lebt. Der himmlische Mensch ist der innere Meister.

Der Meister befiehlt und der Verstand gehorcht nicht; er möchte alle Dinge selbst lösen und so handeln, wie es ihm am besten erscheint, ohne die Befehle des inneren Meisters in Betracht zu ziehen. Als Folge davon entstehen notwendigerweise Schmerz und Leid, welche die Ergebnisse einer irrtümlichen Handlung und einer unnötigen Anstrengung sind.

Glücklich sind diejenigen, die nur der Stimme der Stille folgen; ihnen wird es nie an Brot, Kleidung und Unterkunft fehlen; sie werden ohne Probleme leben und glückselig sein.

Kutscher, zügle gut den wilden Hengst des Verstandes, damit er deinen Wagen nicht in den Abgrund stürzt!

Der Innere Meister ist der Herr des Herzens, der Innere Meister ist der Innerste.

Der innere Meister ist jenseits des Willens und jenseits des Bewusstseins.

Der innere Meister ist der göttliche Zeuge, der auf dem Thron des Herzenstempels sitzt.

Die innere Essenz des Meisters ist absolutes Glück und grenzenlose Allwissenheit.

Der innere Meister ist „einfach". Alles andere ist eine Zusammensetzung.

Die ewige Natur lebt im Wandel, aber der innere Meister ist unveränderlich und aus diesem Grund kann der Meister sich von der Natur befreien.

Die Natur wirft ihre Schatten auf den Meister, aber der innere Meister befindet sich jenseits aller Schatten. Wenn die Seele mit dem inneren Meister verschmilzt, dann befreit sie sich von der Natur und erfährt das höchste Glück der absoluten Existenz.

Dieser Zustand des Glücks heißt Nirvana. In das Nirvana gelangt man durch Millionen von Geburten und Todesfällen, aber auch über einen kürzeren Weg, und dieser Weg ist der der

Einweihung. Der Eingeweihte erreicht das Nirvana in einem einzigen Leben, wenn er das will.

Eng ist die Tür und schmal der Weg, der zum Licht führt, und sehr wenige finden ihn.

Es gibt sieben Heiligtümer der Einweihung auf der Astralebene, und wenn der Schüler auf diesem Weg weitergehen will, muss er einen Meister suchen.

Wenn der Schüler vorbereitet ist, erscheint der Meister.

Nehmt euch vor den falschen Propheten in acht!

Akzeptiert keine äußeren Meister der physischen Welt! Lernt, mit dem Astralkörper zu reisen und wenn ihr Übung mit dem Astralkörper habt, wählt einen wahren Meister der Höheren Mysterien der Weißen Bruderschaft und schenkt ihm absolute Zuneigung und höchsten Respekt.

In der physischen Welt müsst ihr große Vorsicht walten lassen, denn es gibt viele falsche Propheten.

Akzeptiert keine äußeren Befehle; ihr sollt nur Befehlen gehorchen, die „wir" euch auf der astralen Ebene geben.

Es gibt in der physischen Welt viele Eingeweihte der kleineren Mysterien, die gut und ehrlich sind, aber weil sie noch nicht mit ihrem inneren Meister verschmolzen sind, sind sie auch *lebende Tote* und begehen folglich schwere und sehr schwere Fehler, die den Schüler in die Irre leiten können und sogar in den Abgrund stürzen können.

Wenn wir auf der physischen Ebene von einem Schüler erkannt werden wollen, geben wir ihm zuerst auf der astralen Ebene *Zeichen* und Beweise, aber Vorsicht, seid wachsam und auf der Hut wie ein Wächter in Kriegszeiten, denn in diesen Zeiten vollbringt der Antichrist Zeichen und irreführende Wunder.

Seid arglos wie die Taube und klug wie die Schlange.

Seid sanftmütig und demütig, aber wenn es um die Wahrheit geht, seid stark in euren Gedanken, Worten und Werken.

Je höher ihr seid, desto schlimmer wird ein Fall sein. Nehmt euch also vor dem Fall in Acht, denn der Schüler, der sich fallen lässt, muss danach sehr kämpfen, um das Verlorene wiederzuerlangen. Diese Regeln sind sehr einfach, aber furchtbar wichtig. Ich habe viele Eingeweihte der kleineren Mysterien kennengelernt, die die falschen Propheten der physischen Welt kennengelernt und akzeptiert haben und dann in den schrecklichen Abgrund gefallen sind.

Ich lehre den Schüler, mit dem Astralkörper zu reisen, damit er sich nicht betrügen lässt. Der Schüler, der sich betrügen lässt, tut das, weil er nicht weiß, wie man mit dem Astralkörper reist.

Jeder, der versucht, unsere heiligen Tempel und unsere heiligen Einweihungen lächerlich zu machen, ist noch ein *lebender Toter*, hört nicht auf ihn, er ist gefährlich.

Es gibt Menschen, die glauben, dass sie das Nirvana erreichen können, ohne irgendeine Einweihung zu durchlaufen; diese Menschen sind lebende Tote, sie folgen dem spiralförmigen Pfad des Lebens und nur durch Millionen von Leben und Toden werden sie mit Sicherheit ins Nirvana gelangen. Es gibt aber auch andere lebende Tote, die schnell mit ihrem Innersten verschmelzen wollen und sich trotzdem über unsere heiligen Einweihungen lustig machen.

Diese Art von lebenden Toten sind die gefährlichsten, weil sie den Pfad betreten haben und sich über den Pfad lustig machen. Das sind die „Beleidiger“ von Victor Hugo („Les Insulteurs“, Gedicht). Das sind die Schänder des Tempels.

Sich schnell mit dem Innersten verschmelzen zu wollen, ohne die neun Einweihungen der kleineren Mysterien durchlaufen zu haben, ist wie einen Doktor in Medizin machen zu wollen, ohne die vorgeschriebenen Jahre an der Universität studiert zu haben, oder wie General sein zu wollen, ohne alle militärischen Grade durchlaufen zu haben.

Alle Einweihungen erhält man in den Tempeln der Astralebene, aber die Schule ist das Leben selbst.

Im Sternzeichen Löwe können wir mittels der Meditation auf das Herz einwirken. Die innere Meditation beinhaltet drei Stufen:

1. Vollkommene Konzentration

2. Vollkommene Meditation

3. Vollkommenes Samadhi

Man muss den Verstand auf den inneren Meister konzentrieren. Man muss über die Hoheit des inneren Meisters meditieren. Man muss mit dem inneren Meister sprechen, bis man seine Stimme hört und sich mit ihm über unglaubliche Dinge unterhalten.

Das nennt man Samadhi. Die Konzentration ist eine Technik. Die Meisterin H.P.B. sagt in „Stimme der Stille“ wörtlich Folgendes:

Bevor die Seele hören kann, muss das Ebenbild (der Mensch) taub sein gegen Getöse und Flüsterstimmen, gegen das Trompeten wilder Elefanten ebenso wie gegen das feine Sirren der goldenen Feuerfliege.

Bevor die Seele begreifen und sich rückerinnern kann, muss sie eins sein mit dem stillen Sprecher, so wie die Form, nach der der Ton modelliert wurde, zunächst mit der Vorstellung des Töpfers eine Einheit bildete.

Dann wird die Seele hören und sich erinnern.

Zum inneren Ohr wird dann die Stimme der Stille sprechen.

Während des Sternzeichens Löwe müssen wir also vor allem die innere Meditation üben. Ich rate meinen Schülern, die innere Meditation in jenen Augenblicken zu praktizieren, in denen sie für den Schlaf am empfänglichsten sind.

Ihr müsst den wilden Hengst des Verstandes vollkommen beherrschen. Ihr müsst alle möglichen Reaktionen des Verstandes auf die Dinge und Geräusche der physischen Welt kontrollieren.

Der innere Meister ist nicht der Verstand. Der innere Meister ist nicht die Emotion, der innere Meister ist nicht der Wille; der innere Meister ist nicht das Bewusstsein, und nicht einmal die Intelligenz.

Der innere Meister ist der göttliche Zeuge; der innere Meister ist das Sein. Der innere Meister ist der Innerste, und deshalb sagt, wenn ihr in tiefe Meditation versunken seid: Nicht das, nicht das, nicht das.

Ich bin er. Ich bin er. Ich bin er.

Seid fordernd mit eurem inneren Meister, er muss euch die unglaublichsten Dinge lehren. Wenn eure Konzentration stark ist, dann werdet ihr in die Wunder des Kosmos eintreten und Dinge lernen, die mit Worten nicht zu beschreiben sind. Während des Sternzeichens Löwe vokalisiert täglich den Vokal **O**, um das Chakra des Herzens zu erwecken.

Zwischen Sonne und Merkur gibt es einen geheimen Planeten, von dem das Leben all dessen, was auf der physischen Ebene pulsiert, ausstrahlt. Die blauen Hierarchien der Sonne sind die Quelle des Lebens.

Die Löwe Geborenen sind energisch und gleichzeitig gütig. Sie sind großherzig, mystisch und autoritär.

Sie neigen zum Jähzorn und müssen viel kämpfen, um diesen Fehler zu beherrschen. Da Löwe der Thron der Sonne ist, verkündet er Reichtum und eine hohe Stellung. Die geheime Bedeutung des Löwen ist die Intuition. Das Metall dieses Sternzeichens ist das Gold und der Stein der Diamant.

Die Löwe Geborenen sind autoritär und wollen nur Befehle geben. Der Löwe steht für Reisen. Moralisch leiden die Löwe Geborenen sehr.

In Brüderlichkeit, der Meister eures Kurses,

Samael Aun Weor

Jungfrau

23. August bis 22. September

Beherrscht: Eingeweide und Unterleib

Metall: Quecksilber

Stein: Smaragd

Planet: Merkur

Farbe: Gelb

Element: Erde

Tag: Mittwoch

Regent: Rafael

Lieber Schüler:

Heute beschäftigen wir uns mit der Konstellation Jungfrau, dem Heim des Merkur und dem Exil der Venus.

Die antiken Gelehrten unterteilten den Tierkreis-Gürtel in nur 10 Sternzeichen, denn sie betrachteten Jungfrau und Skorpion esoterisch gesehen als ein Sternzeichen. Jungfrau, das Zeichen der himmlischen Jungfrau und Skorpion, das Zeichen der sexuellen Kräfte sind zusammen jenes wundervolle Eden, von dem uns die Bibel erzählt. Das ist das Paradies der jungfräulichen Menschen; das ist das Paradies des vollkommenen Androgynen. Das ist das Eden, von dem uns die Bibel erzählt. Das Eden ist die Sexualität.

Kommt zu uns, all ihr, die ihr Durst habt und wir werden euch vom ewigen Wasser des Lebens zu trinken geben.

Kommt zu uns all ihr müden Pilger des Lebens und wir werden eure Wunden heilen.

Söhne der Erde! Hört auf eure Lehrer, die Söhne des Feuers.

In diesem wunderbaren Garten der Jungfrau und des Skorpions warten die sieben Schlangen des Feuers auf euch, um euch in ihre großen Mysterien einzuführen.

Bittet und man wird euch geben, klopfet an und man wird euch öffnen.

Sieh, mein Sohn! Hier ist das Siegel des Herzens. Denjenigen, die unsere *weiße Insel* besuchen, werden wir in drei Gläsern drei wundervolle Arkana zu trinken geben. Das Erste ist so grün wie ein Smaragd. Es ist die sexuelle Kraft der jungfräulichen Mutter, Isis, die Natur.

Das Zweite ist so blau wie der Himmel. Es ist die sexuelle Kraft des Reichs des Geistes.

Das Dritte ist wie der Tau auf den Blättern in der Nacht. Es ist die sexuelle Kraft des Absoluten, des Unaussprechlichen.

Diese drei Arkana von Eden geben wir nur denjenigen zu trinken, die Durst haben, damit ihre sieben heiligen Schlangen erwachen. Diejenigen, die aus unseren drei Gläsern getrunken haben, werden nie mehr Durst haben, und Flüsse von reinem Wasser werden aus ihren Leibern fließen.

Warum leiden die Jungfrau Geborenen? Warum weinen sie? Warum sind sie nicht glücklich in der Liebe?

Alle Sünden werden vergeben, außer den Sünden gegen den Heiligen Geist. Die Jungfrau Geborenen leiden, weil sie in vergangenen Leben Ehebruch begangen und Unzucht betrieben haben. Die Jungfrau Geborenen erleiden große Enttäuschungen in der Liebe.

Im Sternzeichen Jungfrau wird Merkur mental. Der Verstand gehört der tierischen Seele an. Die tierische Seele ist der Verstand. Der Verstand ist die Höhle des Verlangens.

Man kann das Verlangen nicht töten, ohne es aus seiner Höhle, aus seinem Versteck, zu holen.

Stellt euch einen ruhigen See vor. Wenn ihr einen Stein in diesen See werft, werdet ihr eine Reihe von Wellen sehen, die sich von der Mitte nach außen ausbreiten; übertragt dieses Bild auf den Verstand: ihr seht plötzlich ein pornografisches Bild; dieses Bild geht von den Sinnen in den See eures Verstandes und dieser reagiert dann mit seinen Wellen auf den äußeren Einschlag; seine Wellen prallen stark gegen unsere Sexualorgane und erzeugen sexuelle Erregung, die im Geschlechtsverkehr aufgebraucht wird.

Unterwerft die Sinne und beherrscht den Verstand, damit ihr nicht auf diese äußeren Eindrücke reagiert.

Das Versteck der Bestie des Verlangens ist im Verstand. Die großen Intellektuellen sind unzüchtige und schrecklich leidenschaftliche und lasterhafte Menschen. Sie haben den Verstand entwickelt und der Verstand ist die tierische Seele.

Die großen Intellektuellen haben die tierische Seele sehr stark entwickelt und gestärkt.

Wenn wir uns in der physischen Welt nur unter der Leitung des Materie-Verstandes oder der tierischen Seele bewegen, dann schaffen wir uns Probleme, bleiben gefangen, leiden unsagbar. Der Mensch, der sich nur durch Ahnungen leiten lässt, ist glücklich, es fehlt ihm nie an Brot, Kleidung und Unterkunft; er wird nie Probleme haben.

Jungfrau beeinflusst den Unterleib. Die von der Erde aufsteigenden Kräfte laden sich, wenn sie den Unterleib erreichen, mit den Nebennierenhormonen auf, die diese Kräfte für ihren Aufstieg zum Herzen vorbereiten und reinigen. Jungfrau beeinflusst die Langerhans-Inseln, die das Insulin erzeugen, das so wichtig für die Behandlung von Diabetes ist.

Im „Curso Zodiakal“ des Meisters Huiracocha lehrt er uns, dass wir während dieses Zeichens *kleine Hüpfer* mit dem Bauch machen sollen, damit die Kräfte, die von der Erde aufsteigen, sich im Bauch mit den Nebennierenhormonen aufladen. Wir müssen dabei eine waagrechte Liegestellung einnehmen.

Die grundlegenden Übungen für die Sternzeichen, die wir hier geben, stammen aus den antiken Mysterientempeln und sind niemandes Eigentum.

Wir müssen hier jedoch dem großen Guru Arnold Krumm-Heller (Huiracocha) danken, der sie gesammelt und erforscht hat, um sie in seinem wundervollen „Curso Zodiacal“ zu veröffentlichen. In diesem Kurs des Sternzeichens Jungfrau sollt ihr täglich den Vokal **U** folgendermaßen vokalisieren, um das telepathische Zentrum des Sonnengeflechts zu entwickeln: uuuuuuuuuuuuuuuuuu. (Eine Stunde täglich)

Übung:

Setzt euch in einen bequemen Sessel, konzentriert euren Verstand auf euren Innersten und bittet ihn, sich zum Herzenstempeln der Sterne der Jungfrau zu begeben, damit er die Götter des Sternzeichens Jungfrau in euer Haus bringt, damit sie eure jungfräulichen Kräfte erwecken und euren Unterleib heilen.

Ihr könnt sicher sein, liebe Leser, dass die siderischen Götter auf euren Ruf hin herbeieilen. Euer Innerster kann, wann immer er will, den Körper betreten und verlassen und ist deshalb kein Sklave im Körper.

Er wird tatsächlich die siderischen Tempel betreten, er wird die unerlässliche Begrüßung machen, so wie wir sie bereits in den ersten Lektionen gelehrt haben, und wird die siderischen Götter zu euch bringen, damit sie eueren Körper vorbereiten.

Die Planeten bewegen sich, evolutionieren und entwickeln sich im Bewusstsein. Die siderischen Tempel befinden sich im Bewusstsein.

Der Mensch ist ein Tierkreis, der Tierkreis-Gürtel befindet sich im Bewusstsein. Die Türen der Tempel befinden sich im Bewusstsein. Die zehn Sephiroth der Kabbala sind das Sonnensystem. Die sieben niederen Sephiroth sind die sieben Planeten und die Krone von Kether, Chokmah und Binah ist die dreifache spirituelle Sonne.

Diese zehn Sephiroth sind in uns und wir müssen lernen, sie zu lenken. Wir müssen lernen, uns zu den verschiedenen Sternen zu begeben, um das Horoskop von Personen zu erfahren.

Indem wir uns mit den siderischen Göttern unterhalten, lernen wir unser Horoskop kennen, ohne die Notwendigkeit, der lächerlichen arithmetischen Astrologie. Die arithmetische Astrologie war für das *finstere Zeitalter*. Jetzt kommt das Zeitalter der *Astro-Theurgie*.

Man muss lernen, das Funkeln der Sterne zu handhaben, um Kranke zu heilen. Man muss lernen, von den siderischen Tempeln aus auf der Erde zu wirken. Man muss lernen, von den zwölf Sternzeichen aus auf der Erde zu wirken.

Das Wassermannzeitalter ist gekommen und es herrscht ein neues Geschlecht; das Zeitalter der *Übermenschen* ist gekommen.

Die Erde ist ein kleiner blauer Stern. Wenn sie unter dem Einfluss unseres Planeten Erde geboren werden, sind die Bewohner der anderen Planeten des Sonnensystems von Natur aus mystisch und lieben das Opfer und die Nächstenliebe.

Sie leiden viel in ihrem Leben und fühlen viel Liebe für alles Lebendige; aber die *schwarzen Magier* der anderen Planeten, die nur die negativen Vibrationen des blauen Sterns, genannt Erde aufnehmen, sind außerordentlich bösartig und kriminell.

In Brüderlichkeit, der Meister eures Kurses,

Samael Aun Weor

Waage

23. September bis 22. Oktober

Beherrscht: Nieren

Metall: Kupfer

Stein: Chrysolith

Planet: Venus

Farbe: Grün

Element: Luft

Tag: Freitag

Regent: Uriel

Lieber Schüler:

Heute beschäftigen wir uns mit dem ausgleichenden Sternzeichen Waage. Dieses Sternzeichen ist das Heim von Saturn und Venus.

Die Planeten: Mond, Merkur, Venus, Sonne, Mars, Jupiter und Saturn leben und pulsieren in *unserem* Bewusstsein. Die Seele entwickelt und entfaltet sich in diesem Sonnensystem, das in den Tiefen unseres Bewusstseins lebt.

Zwischen dem Tod und der neuen Geburt müssen die *guten Seelen* sich in jeder der planetarischen Auras entwickeln, deren Mischungen das bilden, was alle Bücher des Spiritualismus als *Ebenen* bezeichnen.

Das Sternzeichen Waage beeinflusst die Nieren. Das Sternzeichen Waage ist das Zeichen der ausgleichenden Kräfte, und in den Nieren müssen sich die Kräfte unseres menschlichen Organismus in vollkommener Weise ausgleichen. Alle Kräfte des Universums suchen ständig nach Gleichgewicht und wir müssen das Gleichgewicht aller Kräfte lernen.

Ihr dürft gegensätzliche Kräfte nicht mischen, denn aus dieser Mischung resultieren schrecklich zerstörerische Kräfte.

Achtet gut auf diejenigen, die um euch sind, und lebt nicht in einem Haus mit Personen, die voller Hass oder oberflächlich sind, denn die Mischung von entgegengesetzten Kräften schafft für euch und für die Menschen, die bei euch leben, zerstörerische Kräfte. Lernt also die Kraft des Gleichgewichts.

Die Intellektuellen werden am Ende verrückt, denn sie verstoßen gegen die Kräfte des Gleichgewichts.

Stellt euch ein Zusammentreffen von Kräften in Form eines X vor. Wenn ihr euch intensiv auf das Zentrum der Kräfte konzentriert, die ein X bilden, dann behindert ihr den Kreislauf dieser Kräfte, die ein X bilden, und das Ergebnis wäre die Deformation und Zerstörung des Zentrums oder Kerns dieses X. Also gut, übertragen wir dieses Beispiel auf einen Menschen.

Jeder Mensch hat eine Verkettung von sieben Vehikeln, und wenn wir unsere Konzentration auf den Verstand oder Mentalkörper richten, der das Zentrum unseres X ist, wird das Ergebnis die Zerstörung des Mentalkörpers sein.

Die Intellektuellen, die ihre Aufmerksamkeit nur auf den Intellekt richten, zerstören schließlich den Mentalkörper. Fast alle Intellektuellen haben ihre Manien, ihren heimlichen Wahnsinn mit Theorien und *Macken.*

Früher war der Mensch einfacher, und weil er den Intellekt der tierischen Seele nicht besaß, nahm er die übersinnliche Welt und die planetarischen Genien wahr.

Die Menschen der Antike entwickeln sich spirituell unter dem Einfluss des Großen Bären, und wenn die Schüler das Bewusstsein erwecken wollen, müssen sie intensiv über den Großen Bär meditieren.

Diese Konstellation strahlt mächtige spirituelle Kräfte aus und der Mensch muss lernen, mit den siderischen Genien dieser Konstellation zu sprechen.

Es gibt einen Schlüssel, um sich zu dieser Konstellation zu begeben.

Der Schlüssel ist, tief über einen „gelben Stein“ zu meditieren, der auf der Astralebene existiert. Macht diese Übung in den Augenblicken des Übergangs vom Wachzustand zum Schlaf und dann werdet ihr euch im Astralkörper zu dem größten Stern des Großen Bär begeben, wo es eine mächtige und riesige Zivilisation gibt.

Seit dem XVII. Jahrhundert tritt die Erde in eine neue Epoche des spirituellen Erwachens ein.

Dieses Erwachen wird im Zeichen des Wassermanns, dem zukünftigen Zeitalter, in vollem Glanz erstrahlen.

Der Grund dieses Erwachens ist auf den Einfluss des großen erleuchteten Buddha zurückzuführen, der sich im XVII. Jahrhundert in den Erlöser der Menschheit des Mars verwandelte und sich in den Kräften des Mars kreuzigte, um die Marsianer zu erlösen und unserer irdischen Menschheit mit den *buddhisch-marsianischen* Kräften zu helfen, die jetzt vom Mars ausstrahlen. In der nächsten Lektion werden wir ausführlich über den Mars-Buddha sprechen.

Michael, Gabriel, Rafael und Orifiel sind die vier Herren, die die karmische Waage und die vier Winde (Nord, Süd, Ost und West) lenken.

Sie sind die vier Engel der vier Himmelsrichtungen der Erde. Die esoterische Astrologie muss innerhalb des Gesetzes des vollkommenen Gleichgewichts existieren.

Montag, Mittwoch, Freitag, Sonntag, Dienstag, Donnerstag und Samstag ist die wahre und richtige Reihenfolge der Wochentage.

Das ist der wahre und richtige Kalender, den die römisch-katholische Sekte verfälschte und den wir wieder herstellen müssen, um im Einklang mit dem Gesetz des Gleichgewichts zu leben.

Die authentische Woche basiert auf dem Gesetz des wahren Gleichgewichts und der Ordnung der Planeten. Wir müssen lernen, den Wechsel von Freude und Schmerz, von Gewinn und Verlust mit Gleichgültigkeit zu sehen.

Die Bhagavad-Gita sagt:

Der Verstand, der den umherirrenden Sinnen folgt, macht die Seele so unfähig, wie ein Boot, das der Wind über das Wasser entführt.

Töte das Empfinden, so lehrt die Sutta Nipata; betrachte die Freude auf die gleiche Weise wie den Schmerz, den Gewinn wie den Verlust und den Sieg wie die Niederlage.

Die Waage Geborenen müssen diese Sätze intensiv leben, um den Schmerz zu überwinden. Die Waage Geborenen sind sehr begabt für alles, aber sie leiden sehr in der Liebe, denn ihre Liebe und ihr Leben sind so unstabil wie die Waage.

Übung:

Stellt euch hin, mit den Füßen fest auf dem Boden und den Armen in der Form eines Kreuzes oder einer Waage nach beiden Seiten ausgebreitet und beugt den Oberkörper sieben

Mal zur rechten Seite und sieben Mal zur linken Seite, mit der Absicht, dass sich alle Kräfte in den Nieren ausgleichen.

In Brüderlichkeit, der Meister eures Kurses,

Samael Aun Weor

Skorpion

23. Oktober bis 22. November

Beherrscht: Sexualorgane

Metall: Magnet

Stein: Topas

Planet: Mars

Farbe: Rot

Element: Wasser

Tag: Dienstag

Regent: Samael

Lieber Schüler:

Wir haben das allmächtige Reich der Kraft und Macht erreicht. Jetzt wollen wir nur noch in der Sprache der Majestäten und der Macht sprechen.

Jetzt wollen wir nur die Allmächtigkeit der Kraft verstehen. Das ist das Reich des schrecklichen Pluto, das allmächtige Reich der Kraft und der Magier. Das ist das feurige Haus des kriegerischen Mars.

Legionen der Erde!

Legionen der Luft!

Legionen der Wasser!

Legionen des Feuers!

Gehorcht uns!

Das Sternzeichen Skorpion herrscht über die Sexualorgane und in diesen wohnt die gesamte Macht des Magiers. Skorpion ist das Haus des Mars und des Besuchers Pluto.

Wir sagen Besucher, weil dieser schreckliche Genius der praktischen Magie nicht diesem Sonnensystem angehört; er ist nur ein Besucher, der allen Kriegern des steinigen Pfades hilft. In seinem großartigen Herzenstempel sehen wir zwei große symbolische *Kugeln*. Seht ihn dort!

Sein verhülltes Gesicht ist schrecklich göttlich und strahlt die Omnipotenz der Macht aus.

Pluto folgt dem Rufen des Eingeweihten, wenn die schwarzen Mächte uns angreifen. Pluto kann uns gegen die finsteren Herren der schwarzen Magie verteidigen.

Seht ihn dort! Er hat seine Kugel vor sich geworfen und kommt auf den Ruf eines Bittenden herbei!

Söhne der Erde! Hört auf eure Lehrer, die Söhne des Feuers! Jetzt, lieber Schüler, werden wir dir den höchsten Schlüssel des großen Arkanums übergeben. Das allmächtige Geheimnis von Kundalini. Kundalini erwacht mit der Sexualmagie.

In den Augenblicken der Liebe, in denen das Paar unglaubliche Wonne fühlt, müsst ihr euch mit eurer Ehefrau sexuell verbinden und während dieser Verbindung die mächtigen Mantrams der Kundalini sprechen, so wie ich sie von dem befehlshabenden Engel Aroch erhalten habe.

Diese Mantrams sind die Folgenden:

Kan dil – Ban dil – rrrrrrrrrrrrrrr

Sie werden gesungen, indem die Klänge der Vokale verlängert werden und die Stimme bei der ersten Silbe jedes Wortes erhoben und bei der zweiten Silbe gesenkt wird.

Der Buchstabe **R** wird hoch und laut gesprochen, wie mit der Stimme eines Kindes, indem der Klang verlängert wird, so wie das Geräusch eines Motors oder einer Mühle, wenn sie kein Korn mehr zu mahlen hat und einen lauten und hohen Ton erzeugt.

Hört gut zu! Das sind die mächtigsten Mantrams, die man in der gesamten Unendlichkeit kennt, um Kundalini zu erwecken. Ihr könnt sie auch mental sprechen und euch dann von eurer priesterlichen Ehefrau zurückziehen, ohne Samenejakulation. Das gezügelte Verlangen lässt eure Energie nach oben in den Kopf steigen und so werdet ihr eure Kundalini erwecken und euch in Götter verwandeln.

Ich werde euch jetzt ein paar Absätze aus der 8. Lektion des „Curso Zodiacal" des ehrwürdigen Meisters Arnold Krumm-Heller, Guru Huiracocha, Erzbischof der gnostischen Kirche, zitieren, damit ihr diese Lehren gut versteht:

Statt des Koitus, der zum Orgasmus führt, muss man sich gegenseitig mit süßen Liebkosungen, liebevollen Worten und sanften Berührungen überschütten, während man den Verstand von der tierischen Sexualität fernhält. Man muss die reinste Spiritualität aufrechterhalten, als wäre der Akt eine wahre religiöse Zeremonie.

Der Mann kann und soll jedoch den Penis in die Scheide einführen und ihn dort lassen, damit beide ein göttliches Gefühl erfahren, voller Wonne, die stundenlang dauern kann; der Mann zieht den Penis aus der Scheide, wenn sich der Orgasmus nähert, um so die Samenejakulation zu vermeiden; auf diese Weise werden beide jedes Mal mehr Lust haben, sich zu liebkosen."

Das kann man so oft wiederholen, wie man möchte, ohne dass einen die Müdigkeit überkommt; ganz im Gegenteil, es ist der magische Schlüssel, um sich täglich zu verjüngen, den

Körper gesund zu halten und das Leben zu verlängern, denn diese ständige Magnetisierung ist eine Quelle der Gesundheit.

Wir wissen, dass beim gewöhnlichen Magnetismus der Magnetisierer einer Person Fluidum übermittelt, und wenn Ersterer diese Fähigkeiten entwickelt hat, kann er Letzteren heilen.

Die Übertragung des magnetischen Fluidums findet gewöhnlich durch die Hände oder die Augen statt, aber es ist notwendig, zu erwähnen, dass es keinen stärkeren Leiter gibt – tausend mal stärker, tausend mal besser als die anderen – als das männliche Glied und die Scheide als Empfängnisorgane.

Wenn viele Menschen dies praktizieren, breiten sich in ihrem Umkreis Kraft und Erfolg für all diejenigen aus, die mit ihnen geschäftliche oder gesellschaftliche Kontakte haben. Aber beim Akt der göttlichen Magnetisierung, auf den wir uns beziehen, magnetisieren sich beide, Mann und Frau, gegenseitig und einer ist für den anderen wie ein Musikinstrument, das, wenn es gespielt wird, wundersame Klänge mysteriöser und sanfter Harmonien erzeugt.

Die Saiten dieses Instruments sind im gesamten Körper verteilt, und hauptsächlich die Lippen und Finger spielen darauf, unter der Bedingung, dass dieser Akt von absoluter Reinheit geleitet wird, denn er verwandelt uns in diesen erhabenen Augenblicken in Magier.“

Diese Sätze der 8. Lektion des erhabenen Huiracocha beinhalten das höchste Geheimnis des großen Arkanum, von dem uns Eliphas Levi so viel erzählt, ohne dass er es jemals gewagt hätte, es offen zu legen. Das ist der Schlüssel, um Kundalini zu erwecken und Magier zu werden.

Kundalini ist die feurige Schlange unserer magischen Kräfte.

Kundalini ist das solare Feuer, das in einem Membranbeutel im Steißbeinknochen eingeschlossen ist, im Kreuzbein, welches das untere Ende der Wirbelsäule ist. Kundalini ist das sexuelle Feuer. Kundalini ist das Feuer des Heiligen Geistes. Kundalini ist das flammende Schwert des Cherubim, der den Eingang von Eden bewacht. Deshalb sagt Meister Huiracocha in seinem meisterhaften Werk mit dem Titel „La Iglesia Gnostica“ (auf Deutsch „Die gnostische Kirche“), dass „wir das Rückenmark und den Samen maximal nutzen sollen, denn dort liegt die Erlösung des Menschen.“

In „Rosa Esotérica“ (auf Deutsch „Esoterische Rose“) sagt der Meister bezüglich des Samens: *Erhebt eure Gläser und passt auf, dass ihr nicht einen einzigen Tropfen eurer wertvollen Flüssigkeit verschüttet.*

Das gezügelte Verlangen verwandelt den Samen in christische Energie, und diese Energie polarisiert sich ihrerseits in positive und negative, um durch die zwei Nervenkanäle aufzusteigen, die sich rechts und links der Wirbelsäule befinden; diese spermatischen Kanäle werden in Indien Ida und Pingala genannt.

Der rechte Kanal ist positiv und dort steigen die solaren Atome auf. Der linke Kanal ist lunar und dort steigen die lunaren Atome auf. Ida und Pingala entspringen dem Sakralzentrum, das *Triveni* genannt wird und sich am Ende der Wirbelsäule befindet. Der Samen verwandelt sich in christische Energie. Diese Energie ist der Wein aus Licht, dieser Wein aus Licht verwandelt uns in lebende Buddhas. Die zwei Kanäle Ida und Pingala erklingen in der musikalischen Note des chinesischen Gongs, d. h., der musikalischen Note **F**.

Das Rückgrat mit seinen zwei Nervensträngen ist die brahmanische Kordel. Das Rückgrat ist der brahmanische Stab, der Stab Aarons, der Stab der Patriarchen, der Stab Moses, das

Zepter der göttlichen Könige und der Bambusstab mit sieben Knoten der indischen Yogis. In dem Wunder, das Christus auf der Hochzeit von Kanaan vollbrachte, liegt das Geheimnis, um Kundalini zu erwecken.

Die Verwandlung des Wassers in Wein findet bei Hochzeiten während der Trance der sexuellen Magie statt. Mit der gezügelten Anstrengung verwandelt sich das Wasser (der Samen) in den Wein aus Licht des Alchemisten.

Wenn die solaren und lunaren Atome unserer Samenenergie im Zentrum des Steißbeins zusammentreffen, dann beginnt die Schlange sich zu bewegen und erzeugt einen starken Schmerz im Steißbein; sie zerreißt den Membranbeutel und tritt durch eine Öffnung, die bei den gewöhnlichen Menschen verschlossen bleibt, in das Rückgrat.

Die Dämpfe, die sich vom Samen erheben, öffnen dieses Loch, welches die Tür des Kanals Sushumna ist. Dieser Kanal erstreckt sich über die gesamte Wirbelsäule bis zum Ende der Halswirbel; durch ihn steigt die feurige Schlange oder das flüssige Feuer von Kundalini auf. Dieses heilige Feuer steigt durch einen dünnen Faden auf, der innerhalb der Wirbelsäule als Leitung dient.

Der Aufstieg von Kundalini wird von den Feuern des Herzens gesteuert. Die Wirbel werden im Okkultismus *Stufen* oder *Pyramiden* genannt.

Jeder Wirbel hat seinen geheimen Namen und seine Mächte. Die Wirbelsäule hat 33 Wirbel und 33 göttliche Atome. Der Aufstieg von Kundalini findet *Wirbel für Wirbel*, *Grad für Grad* statt.

Jeder Wirbel erfordert schreckliche Proben auf der physischen und auf der astralen Ebene. Dies ist der Weg der Bitternis und des unsagbaren Martyriums.

Von dem dünnen Faden des Rückenmarks gehen die Nervenstränge aus, die die Chakras mit dem Rückenmark verbinden.

Kundalini entfacht alle Lotusblumen oder Chakras unseres Organismus, entsprechend der Wirbel, die sie aufsteigt. Durch die 33 Wirbel durchlaufen wir alle Kammern der großen Freimaurerloge der Astralebene. Die äußeren Kammern sind die kleinen Mysterien und die inneren Kammern sind die höheren Mysterien. Der Schüler muss die freimaurerischen Grüße seines eigenen Innersten lernen, der innere Meister muss sie ihm lehren.

Die Dicke von Kundalini hängt von der Menge angesammelter sexueller Energie ab.

Die Farbe von Kundalini hängt von der psychologischen Eigenart des Schülers ab. Kundalini steigt entsprechend der Sexualmagie, die wir praktizieren, auf und entsprechend der Heiligung, die wir erreichen, denn wie wir bereits gesagt haben, hängt der Aufstieg von den Verdiensten des Herzens ab.

Man muss die eigenen Fehler zusammenzählen und jedem Fehler zwei aufeinanderfolgende Monate widmen, bis man alle Fehler beseitigt hat.

Diese einfache Regel ist der Schlüssel, um Kundalini aufsteigen zu lassen, denn so besteht der Schüler erfolgreich alle astralen und physischen Proben und gewinnt schnell einen Wirbel nach dem anderen.

Eine einzige Ejakulation oder ein Samenerguss reicht, damit eine Sicherung durchbrennt, d. h. damit der Nervenstrang, durch den Kundalini aufsteigt, durchbrennt; dann fällt das Feuer eine oder zwei oder mehrere Wirbel herunter, je nach Schwere des Fehlers. Als Folge verliert man die erworbenen Mächte.

Unser Herr Christus sagte mir: *Der Schüler darf sich nicht fallen lassen, denn der Schüler, der sich fallen lässt, muss sehr hart kämpfen, um das Verlorene wiederzugewinnen.*

Durch die Einweihungen der kleinen Mysterien muss der Schüler die ganze Leidensgeschichte von Golgatha durchleben; am Ende steigt er zum Golgatha der höheren Einweihung auf, wo er mit seinem Innersten verschmilzt und sich in einen Meister der Weißen Loge verwandelt. Die hohe Einweihung ist die Verschmelzung zweier Prinzipien: Atma-Buddhi, d. h. die fünf Haupteinweihungen der höheren Mysterien.

Mit der Ersten erreichen wir die Verschmelzung von Atma-Buddhi und mit der Fünften fügen wir dieser Verschmelzung Manas hinzu und so reduziert sich die Siebenheit auf eine Dreiheit: *Atma-Buddhi-Manas*.

Es gibt insgesamt neun Einweihungen der höheren Mysterien. Atma ist das Sein. Atma ist der Innerste. Atma ist unser innerer Engel und Buddhi ist unser Seele-Geist. Wenn der Innerste und der Seele-Geist verschmelzen, wird ein neuer Meister der Menschheit geboren, und wenn dieser Verschmelzung Manas oder die menschliche Seele hinzugefügt wird, dann wird ein neuer Gesegneter geboren.

Die Erlösung beginnt außerhalb des niederen Ichs und endet außerhalb des niederen Ichs.

Beim Sternzeichen Jungfrau haben wir bereits über die sieben Schlangen von Eden gesprochen. Wir haben sieben Körper und sieben feurige Schlangen. Jeder einzelne der sieben Körper hat seine Kundalini, seine Schlange.

Die erste Schlange öffnet die sieben Kirchen, sie sich im buddhischen Körper befinden. Ein christifizierter und stigmatisierter buddhischer Körper verschmilzt unvermeidlich mit dem Innersten.

Die zweite Schlange gehört dem ätherischen Körper an und führt uns zur zweiten Einweihung der höheren Mysterien; diese Einweihung verleiht uns die Kraft, im ätherischen Körper oder Soma Puchicon, von dem uns Max Heindel erzählt, zu reisen.

Die dritte Schlange gehört dem Astralkörper an und öffnet alle Chakras, Räder oder Scheiben des Astralkörpers vollständig und entspricht der dritten Einweihung der höheren Mysterien.

Die vierte Schlange gehört dem Mentalkörper an und erlaubt uns, den Verstand zu christifizieren. Der Christus-Verstand führt uns zur vierten Einweihung der höheren Mysterien und verleiht uns den Grad „Arhat".

Die fünfte Schlange gehört dem Kausalkörper an, von dem wir die menschliche Seele oder Manas extrahieren, um es mit Atma-Buddhi zu verschmelzen. Das ist die fünfte Einweihung und sie verleiht uns den Grad „Aseka".

Die sechste Schlange gehört Buddhi an. Dieses sechste Tor ist wie ein Gefäß aus weißem und durchsichtigem Alabaster, in dem das Feuer des Innersten brennt. Du bist jetzt dieses brennende Gefäß mit dem Feuer deiner sechsten Schlange.

Die siebente Schlange gehört dem Körper des Innersten an.

Aus dem physischen Körper extrahieren wir mittels Kundalini das Seele-Bewusstsein, das sich, in Buddhi absorbiert, mit dem Innersten verbindet. Aus dem ätherischen Körper extrahieren wir mittels der goldenen Kundalini dieses Körpers die allwissende Seele.

Aus dem Astralkörper extrahieren wir mittels der reinen Kundalini dieses Vehikels die bewusste Seele. Aus dem Mentalkörper extrahieren wir mittels seiner entsprechenden Kundalini einen seelischen Auszug des Mentalkörpers. Aus dem Kausalkörper oder Körper der Willenskraft extrahieren wir einen seelischen Extrakt oder die menschliche Seele. Die anderen zwei Schlangen bringen uns bis zum unaussprechlichen Glück des Nirvana. Das sind die sieben Grade der Macht des Feuers. Durch diese sieben Tore regiert nur der Schrecken der Liebe und des Gesetzes.

Die achte und neunte Einweihung führen uns in unaussprechliche Regionen …

Die achte Einweihung gehört den Praiteka Buddhas und die neunte dem Grad des Königs der Welt an.

Der Aufbau des Wirbelsäulensystems und des Rückenmarks ist analog in jedem der sieben Körper. Jeder einzelne der sieben Körper ist ein vollständiger Organismus, alle sieben Wirbelsäulen durchdringen sich, ohne sich zu vermischen.

Die siebente Einweihung verleiht uns den Grad „Mahachoan". Der Mahachoan verwandelt sich in einen Wächter der Akasha-Archive und Leiter der Arbeiten der großen Weißen Loge.

Die Wasser des Hoang-Ho lassen mit ihren Fluten den Gong, d. h. die Note **F** der Natur erklingen, welche unsere Kundalini im heiligen Fluss des Lebens vibrieren lässt.

Buddha, der Erlöser vom Mars, strahlt jetzt von diesem Planeten buddhische Kräfte aus, die mit dem Sternzeichen Skorpion in unser Samensystem eindringen und uns den Anreiz zur Christifizierung geben. Die buddhischen Atome überschwemmen die Samenkanäle. Die buddhischen Atome füllen unsere inneren Vehikel und sättigen mit der Kraft des Mars diese inneren Strukturen. Buddha ist zum Krieger geworden, jetzt strahlt er seine mächtige buddhisch-marsianische Kraft vom Mars aus. Wie wundervoll ist die Schöpfung!

Buddha ist zum Krieger geworden!

Die buddhisch-marsianischen Atome werden das Zeitalter der Intuition (Wassermann) erschaffen.

Unser buddhisches Prinzip ist das höchste Bewusstsein des Seins; der Seele-Geist. Jetzt ist die kriegerische Kraft des Mars buddhisch geworden und überall werden die Helden des Lichtes auftauchen. Mars im Skorpion lässt jetzt die Atome Buddhas unser Samensystem erreichen, damit wir die Christifizierung des Menschen erreichen.

Die buddhischen Atome unter der Kraft des Mars werden uns in lebende Christusse verwandeln. Buddha, der Christus des Mars, pulsiert jetzt in unserem Samensystem. Unser Körper und unsere buddhischen Atome verleihen uns die Gabe, die höchste Weisheit zu *fühlen.* Das buddhische Bewusstsein ist jetzt kriegerisch und hat eine neue Art von Kriegern hervorgebracht, die des Lichtes, die Vorkämpfer der neuen Ära.

Aus den Kriegen dieses Jahrhunderts wird das neue Zeitalter hervorgehen, denn Mars ist jetzt buddhisch. Das Opfer Buddhas auf dem Mars war wie die des Christus bei uns. Buddha bereitete sich auf der Erde vor, um sich dann in den Christus der Marsmenschen zu verwandeln.

Die Skorpion Geborenen haben einen starken Willen, aber sie müssen gegen den Fehler des Jähzorns, des Grolls und der Rache ankämpfen. Die Skorpion Geborenen sind entweder völlig keusch oder völlig unzüchtig. Bevor sie dreißig Jahre alt sind, erleben sie immer große Bitternis.

Stein: Topas.

Farbe: starkes Rot.

Metall: Eisen.

Söhne der Menschen!

Wollt ihr das unaussprechliche Glück des Nirvana betreten?

Wollt ihr euch in Götter verwandeln?

Wollt ihr euch in einen Christus verwandeln?

Wollt ihr euch vom Rad der Geburt und des Todes befreien?

Hier habe ich euch den Schlüssel der Sexualmagie gegeben! Was wollt ihr mehr?

In Brüderlichkeit, der Meister eures Kurses,

Samael Aun Weor

Schütze

23. November bis 21. Dezember

Beherrscht: Hüfte und Oberschenkel

Metall: Zinn

Stein: blauer Saphir

Planet: Jupiter

Farbe: Blau

Element: Feuer

Tag: Donnerstag

Regent: Zachariel

Lieber Schüler:

Heute beschäftigen wir uns in unserem Kurs mit dem Sternzeichen Schütze.

Metall: Zinn.

Stein: blauer Saphir.

Die Schütze Geborenen sind extrem leidenschaftlich und unzüchtig.

Eliphas Levi sagt: *Unglücklich ist der Samson der Kabbala, der sich von Dalila in den Schlaf wiegen lässt. Der Herkules der Wissenschaft, der sein Zepter der Macht gegen den Knochen der Omphale tauscht, er wird bald die Rache von Deïaneira spüren und es bleibt ihm nichts anderes, als der Scheiterhaufen des Bergs Eta, um vor den verzehrenden Qualen der Tunika des Nessos zu fliehen.*

Die sieben Planeten des Sonnensystems sind die sieben Sephiroth und die dreifache spirituelle Sonne ist die sephirotische Krone. Diese zehn Sephiroth leben und pulsieren in unserem Bewusstsein und wir müssen lernen, sie im wundervollen Laboratorium unseres inneren Universums zu lenken und zu verändern.

Diese zehn Sephiroth sind:

Kether: Die ausgleichende Kraft. Der Magier des ersten Arkanum des Tarot, dessen ursprüngliche Hieroglyphe einen Mann darstellt.

Chokmah: Die Weisheit. Die Päpstin des Tarot. Die okkulte Weisheit, die Priesterin. Die zweite Karte des Tarot. Der Mond, die ursprüngliche Hieroglyphe ist der Mund des Menschen.

Binah: Die Intelligenz. Planet Venus. Dritte Karte des Tarot. Die Kaiserin. Das ursprüngliche Symbol ist eine Hand in der Haltung des Nehmens.

Diese drei Sephiroth sind die sephirotische Krone. Die sieben unteren Sephiroth haben folgende Reihenfolge:

Chesed: Jupiter. Das göttliche Wesen. Atman. Ursprüngliche Hieroglyphe: Ein Herr. Die vierte Karte des Tarot. Die Barmherzigkeit. Die Karte des Kaisers.

Geburah: Die Strenge. Die fünfte Karte des Tarot. Der Papst oder der Hierophant des Tarot: Mars, der Krieger des Widders.

Tiphereth: Venus des Stiers, die Schönheit, die Liebe des Heiligen Geistes, der buddhische Körper des Menschen. Die sechste Karte des Tarot. Der Verliebte.

Netzach: Merkur des Zwillings. Der Wagen des Tarot. Die siebte Karte und die Ewigkeit in allem.

Hod: Die Gerechtigkeit des Arkanum. Die achte Karte des Tarot. Saturn: der Sieg.

Jesod: Die Sonne des Löwen. Die neunte Karte des Tarot. Der Einsiedler. Das Absolut.

Malchuth: Das gesamte Universum, Maria oder das Sternzeichen Jungfrau. Die Natur.

Diese zehn Sephiroth leben in unserem Sein und sind unser Sonnensystem. Das Tarot ist eng verbunden mit der esoterischen Astrologie und mit der Einweihung.

Das Arkanum X (10) ist die 1. Stunde des Apollonius: *transzendentales Studium des Okkultismus.*

Das Arkanum XI (11) ist die 2. Stunde des Apollonius: *Die Abgründe des Feuers; durch die Drachen und das Feuer bilden die astralen Tugenden einen Kreis.* (Studium der okkulten Mächte).

Das Arkanum XII (12) ist die 3. Stunde des Apollonius: *die Schlangen, die Hunde und das Feuer. Sexuelle Alchemie. Arbeit mit Kundalini* (Sexualmagie).

Das Arkanum XIII (13) ist die 4. Stunde des Apollonius: *Der Neophyt wird des Nachts zwischen den Gräbern umherstreifen, er wird den Schrecken der Visionen erleben, er wird sich der Magie und der Goetia widmen.* (Das bedeutet, dass der Schüler von Millionen schwarzer Magier auf der Astralebene angegriffen wird; diese finsteren Magier versuchen, den Schüler vom Pfad des Lichtes fernzuhalten).

Das Arkanum XIV (14) Die zwei Urnen, *göttlicher Magnetismus und menschlicher Magnetismus.* Die 5. Stunde des Apollonius: *Die höheren Wasser des Himmels.* Während dieser Zeit lernt der Schüler rein und keusch zu sein, weil er den Wert seiner Samenflüssigkeit versteht.

Das Arkanum XV (15) (der elektrische Orkan) Tiphon Baphomet. Die 6. Stunde des Apollonius: *Wegen der Angst ist es hier nötig, ruhig und regungslos zu bleiben.* (Hier erlebt man die schreckliche Probe des Hüters der Schwelle, vor dem man viel Mut braucht, um ihn zu überwinden).

Das Arkanum XVI (16) Der vom Blitz getroffene Turm. Die 7. Stunde des Apollonius: *Das Feuer muntert die leblosen Wesen auf und wenn ein Priester, ein Mensch, der sich ausreichend gereinigt hat, es stiehlt und es später ausstrahlt, wenn er es mit heiligem Öl mischt und es segnet, wird es ihm möglich sein, alle Krankheiten zu heilen, indem er es einfach auf die betroffene Stelle aufträgt.* (Der Eingeweihte sieht hier sein materielles Vermögen bedroht und seine Geschäfte scheitern).

Das Arkanum XVII (17) Der Stern der Hoffnung. Die 8. Stunde des Apollonius: *die astralen Tugenden der Elemente, der Samen aller Arten.*

Das Arkanum XVIII (18) ist die 9. Stunde des Apollonius: *Hier ist noch nichts abgeschlossen. Der Eingeweihte steigert seine Wahrnehmung, bis er die Grenzen des Sonnensystems überschreitet, über den Zodiakus hinaus.*

Er gelangt zur Schwelle der Unendlichkeit.

Er erreicht die Grenzen der begreifbaren Welt. Das göttliche Licht wird enthüllt und mit ihm tauchen neue Ängste und Gefahren auf. (Studium der kleinen Mysterien, die neun Stufen, die der Schüler erklimmen muss).

Das Arkanum XIX (19) Das strahlende Licht, die 10. Stunde des Apollonius: *die Tore des Himmels öffnen sich und der Mensch entkommt seiner Lethargie.* (Dies ist die Nummer zehn der zweiten großen Einweihung der höheren Mysterien, die dem Eingeweihten erlaubt, im ätherischen Körper zu reisen. Das ist die Weisheit von Johannes dem Täufer).

Das Arkanum XX (20) Die Auferstehung der Toten. Die 11. Stunde des Apollonius: *Die Engel, Cherubim und Seraphim fliegen und man hört ihre Flügelschläge. Es gibt Freude im Himmel, Erweckung der Erde und der Sonne, die von Adam kommt.* (Dieser Vorgang gehört zu den großen Einweihungen der höheren Mysterien, wo nur der Schrecken des Gesetzes herrscht.)

Das Arkanum XXI (21) Die Krone der Magier. Die 12. Stunde des Apollonius: *Die Türme des Feuers beruhigen sich.*

Das ist der siegreiche Einzug in die grenzenlose Glückseligkeit des Nirvana, wo der Meister sich entweder mit dem strahlenden Gewand des Dharmasaya kleidet oder aus Liebe zur Menschheit auf das Glück des Nirvana verzichtet und sich in einen Bodhisattwa des Mitgefühls verwandelt. Er ist ein Erlöser der armen leidenden Menschheit, ein weiterer *Stein* in der Schutzmauer, die mit dem Blut der Märtyrer errichtet wurde.

Samyak Sambuddho, Meister der Vollkommenheit, verzichtete auf das Nirvana aus Liebe zur Menschheit.

Die vollkommenen Buddhas, bekleidet mit der Herrlichkeit des Dharmasaya, können dem Menschen und der Menschheit nicht mehr helfen, weil das Nirvana bedeutet, die Welt und die Menschen für immer zu vergessen. Die Bodhisattwas: Kuan-Shiyin, Tashisni, Buddha und Christus strahlen ihr Licht über die leidende Menschheit.

Die Bodhisattwas treten nach großen Opfern in eine übernirwanische Welt der Glückseligkeit. Die Schutzmauer wird von den *Bodhisattwas des Mitgefühls* gebildet. Wir Gnostiker folgen den Spuren unserer Vorgänger.

Aun Vajrapni Hum

In dieser Lektion von Jupiter in Schütze haben wir über den nirvanischen Pfad gesprochen, denn der donnernde Jupiter ist das heilige Symbol unseres Innersten, deshalb sagt man, dass Jupiter der Vater der Götter ist. Das erinnert uns an den kapitolinischen Jupiter der Römer. Jupiter im Zeichen Schütze beeinflusst die großen Oberschenkelarterien, wo das Blut sich unter Jupiter vollständig magnetisiert.

Übung

Setzt euch in die Hocke, wie die peruanischen Mumien; legt eure Hände auf die Beine, mit den Zeigefingern nach oben, Richtung Himmel weisend, um die Strahlen Jupiters anzuziehen, so wie es uns Huiracocha lehrt. So magnetisiert ihr die Schenkel intensiv.

Das Mantram ist Isis und wird folgendermaßen vokalisiert:

Iiiiiiiiiissssssssiiiiiiiiiiissssss

Das **S** soll wie ein Zischlaut klingen, wie der Wind. Mit diesem Schlüssel werdet ihr die Hellsichtigkeit vollkommen erwecken und die Kraft erwerben, die Akasha-Chronik der Natur zu lesen.

Man muss nun intensiv über den Innersten meditieren und ihn bitten, uns den Engel Zachariel zu bringen, damit dieser uns hilft.

Auf diesem Pfad müssen wir alle 12 Stunden erleben, von denen uns der große Weise Apollonius erzählt.

Der schwarze Magier „Papus“ versuchte, die 12 Stunden des Apollonius mit Lehren der schwarzen Magie zu entstellen, indem er die Millionen von kabbalistischen Bänden, die auf der ganzen Welt verbreitet sind, vernichtete.

Wir sind zu dem Schluss gekommen, dass die ganze Kabbala sich auf die 22 großen Arkanen des Tarot und die vier

Asse, welche die vier Elemente der Natur darstellen, reduziert. Über etwas so einfaches haben die Schriftgelehrten Millionen von Büchern geschrieben und Theorien aufgestellt, die all diejenigen verrückt machen, die die dumme Idee haben, sich mit diesem Arsenal zu intellektualisieren.

Das Schlimme daran ist, dass im Falle der Kabbala, die schwarzen Magier sich dessen bemächtigten, was sie fanden, um die Lehre zu entstellen und die Welt in die Irre zu führen. Die Werke von Papus sind wahre schwarze Magie.

Das Tarot ist ein Buch, das so alt wie die Jahrhunderte und eng verbunden mit dem Wissen der planetarischen Götter ist. Dieses Buch ist das Kartenspiel des Tarot und besteht aus 78 Abbildungen, die in 22 sogenannte große Arkanen und 56 sogenannte kleine Arkanen unterteilt sind.

Die vier Asse stellen die Elemente der Natur dar.

Das As der Schwerter symbolisiert das Feuer.

Das As der Kelche symbolisiert das Wasser.

Das As der Münzen symbolisiert die Luft.

Das As der Stäbe symbolisiert die Erde.

Alle 56 Karten der kleinen Arkanen basieren auf diesen 4 Assen und auf den 10 Zahlen unseres Dezimalsystems.

In den 22 großen Arkanen z. B. ist die 4 der Stäbe nichts anderes als das Arkanum 4 (der Kaiser) und das Symbol des As der Stäbe, das vier Mal wiederholt wird; dasselbe geschieht mit allen 56 Karten der kleinen Arkanen. Interpretiert diese Karten intuitiv, indem ihr das Element der Natur mit den kleinen Arkanen verbindet und so wird das Problem gelöst.

Zum Beispiel: Eine 6 der Münzen wird interpretiert, indem man das Arkanum 6 mit dem Element Luft oder *Seele*, das von der Münze symbolisiert wird, verbindet. Das würde bedeuten: *Liebe* und so kann man weiter verfahren. Es gibt zwei Arten von Kabbalisten: intellektuelle Kabbalisten und intuitive Kabbalisten. Die intellektuellen Kabbalisten sind schwarze Magier; die intuitiven Kabbalisten sind weiße Magier.

Die siderischen Götter antworten uns oft, indem sie uns eine Tarotkarte zeigen; so verstehen wir intuitiv die Antwort, die gegeben wurde. Die intuitiven Kabbalisten verstehen beim bloßen Anblick einer Tarotkarte, was das Schicksal für sie bereithält.

Bei einer bestimmten Gelegenheit fragte ich einen planetarischen Genius bezüglich einer Reise, auf die ich finanziell nicht vorbereitet war, um Rat; der planetarische Genius antwortete mir, indem er mir drei Karten zeigte. Eine davon war ein König der Münzen, die wundervoll mit Gold verziert war; ich verstand mit dem Herzen und führte meine Reise durch und alles ging gut.

Als die Menschheit vor mir gerichtet wurde, sah ich das Tarot in Reihen von 7 Karten ausgebreitet, und als eine bestimmte Karte der 6. Reihe leuchtete, richteten die Götter die große Hure (die Menschheit) und verurteilten sie als unwürdig. Das Urteil der Götter war: in den Abgrund, in den Abgrund, in den Abgrund, in den Abgrund. (Die Zahl der Menschheit ist 666).

Der weiße Magier bittet die Götter, wirft seine Karten mit geschlossenen Augen auf den Tisch; er fleht seinen Gott an, sucht eine Karte aus, betrachtet sie und macht die Vorhersage intuitiv. Jede einzelne Tarotkarte ist für sich allein eine vollkommene Vorhersage. Die Übungen des Sternzeichens Schütze sind dafür da, die Hellsichtigkeit zu erwecken und all diese Dinge zu sehen und zu verstehen. Die Kabbalisten der Intuition verstehen alles mit dem Herzen. Die intellektuellen Kabbalisten wollen alles mit dem tierischen Verstand lösen.

Den Kabbalisten der Intuition führt nur die Stimme der Stille, der Innerste. Diese Tarotkarten sind die Sprache der höheren Welten des Lichtes. Diese Tarotkarten sind die okkulte Weisheit der siderischen Götter.Die 12 Stunden des Apollonius sind der Weg der Einweihung.

Es ist schrecklich zu sehen, wie die Menschen so viele Theorien über dieses Buch angehäuft haben, das so einfach und doch so erhaben ist wie Gott.

Die 78 Karten des Tarot sind wie 78 unglaubliche Hieroglyphen, die in dieser fünfeckigen Pyramide, die man Mensch nennt (1 + 2 + 3 + 4 = 10), leuchten; auf diesen Zahlen basiert der ganze Fortschritt des Schülers.

Jedes Jahr hat seine kabbalistische Karte, die uns erlaubt, intuitive Voraussagen zu machen.

Beispiel:

1951 setzt sich folgendermaßen zusammen: 1 + 9 + 5 + 1 = 16, Arkanum XVI. Der vom Blitz zerstörte Turm. Bedeutung: göttliche Zerstörung.

Vor dem 21. März 1952 empfing eine mächtige Nation eine große karmische Strafe. (Das ist schon festgelegt). Wenn wir alle Zahlen des Geburtsdatums zusammenzählen, erhalten wir unsere eigene kabbalistische Zahl. Es gibt Menschen, die numerische Werte aus den Buchstaben des eigenen Vornamens und Nachnamens entnehmen. Iglesias Janeiro ist ein Spezialist in dieser Sache, aber uns interessiert dieser Zweig eigentlich nicht, denn er ist esoterisch noch nicht gründlich studiert worden, auf wissenschaftliche Weise.

Das Einzige, was ich wirklich bewiesen habe, ist, dass sich im Namen der Personen, entsprechend dem Sinn der Buchstaben das Karma verbirgt. Zum Beispiel: die Frauen mit dem Namen Dolores (deutsch: Schmerz) leiden unsagbar im Leben.

Ein gewisser kolumbianischer Politiker hatte den Nachnamen „Turbay“, den wir folgendermaßen zerlegen können: turba ais oder ai, turba (deutsch: oje, Menschenmenge).

Dieser Politiker starb, ohne triumphiert zu haben und die Mengen (Turba) folgten ihm nicht. Der rechtmäßige Kabbalist handelt nur nach der Stimme des Innersten.

Wenn der Intellekt die Karten des Tarot auf eigene Faust kombinieren will, gerät er auf die schlimmsten Abwege. Das Tarot ist die esoterische Weisheit der Sterne. Die Karten des Tarot stammen aus den unglaublichsten Welten des edenischen Lichts.

Die 22 großen Arkanen haben folgende Bedeutungen:

1. Der Mann. Der Magier.

2. Die Frau und der Okkultismus.

3. Die Menschheit und die Schöpfung.

4. Die Macht und das Erschaffene.

5. Die Autorität und das mentale Leben.

6. Liebe und Anziehung.

7. Der Kriegswagen. Kämpfe.

8. Die Gerechtigkeit. Leiden.

9. Göttliche Liebe. Vorsicht.

10. Das Schicksal.

11. Der Mut.

12. Das Opfer.

13. Der Tod, die Umwandlungen.

14. Mäßigung, Keuschheit.
15. Das Verhängnis.
16. Katastrophe und Zerstörung.
17. Hoffnungen.
18. Geheime Feinde.
19. Die Wahrheit.
20. Wandel.
21. Vollkommene Entmutigung.
22. Der Sieg.

In Brüderlichkeit, der Meister eures Kurses,

Samael Aun Weor

Steinbock

22. Dezember bis 19. Januar.

Beherrscht: Knie und Haut

Metall: Blei

Stein: Onyx

Planet: Saturn

Farbe: Schwarz

Element: Erde

Tag: Samstag

Regent: Orifiel

Lieber Schüler:

Heute beschäftigen wir uns in diesem Kurs mit der Konstellation Steinbock.

Diese Konstellation ist das Heim von Saturn, dem Alten der Zeit. Der Saturn ist der Planet des Sonnensystems, der am weitesten entfernt von der Erde ist. Der Mond ist der Satellit, der der Erde am nächsten ist. Dann folgt Merkur in der Reihenfolge der Entfernung und dann folgen Venus, Sonne, Mars, Jupiter und Saturn in der Reihenfolge der Entfernung.

Auf dieser natürlichen und kosmischen Grundlage basiert der uralte Kalender mit: Montag, Mittwoch, Freitag, Sonntag, Dienstag, Donnerstag und Samstag.

Die römischen Katholiken verfälschten diesen wahren Kalender und auf dieser Verfälschung wurde die modernistische Astrologie der Arithmetik errichtet. Es ist also logisch, dass die moderne Astrologie, die auf falschen Grundlagen basiert, ein echter Misserfolg ist.

Wir haben jetzt die Aufgabe, die wahre antike Astrologie wiederherzustellen, und deshalb ist es notwendig und unbeschreiblich wichtig, zum echten archaischen Kalender zurückzukehren.

Alle astrologischen Werke von Max Heindel und Alpherat basieren auf einem falschen Kalender, sie haben also keine richtige Basis und sind falsch.

Wir Gnostiker sind die Restauratoren der esoterischen Weisheit.

Ich, Samael Aun Weor, bin der große Avatar des Wassermannzeitalters. Ich bin der Begründer der neuen Ära. Ich bin der Bote der höheren Welten des Bewusstseins und ich bin zu euch gekommen, um euch die Kultur für die neue Ära zu bringen. Ich bin gekommen, um eine neue Rasse von Göttern zu bilden und ich möchte, dass ihr mir zuhört.

Bittet und man wird euch geben, klopfet an und man wird euch öffnen.

Das sagen die heiligen Schriften.

Ich habe euch das unsagbare Mysterium des großen Arkanum gelehrt und möchte, dass ihr lernt, das Funkeln der Sterne zu lenken, um die Natur zu beherrschen.

Hört mir gut zu: Die planetarischen Stunden, so wie sie in den astrologischen Kalendern und Texten vorkommen, sind im Allgemeinen falsch und absurd, denn der heutzutage verwendete Kalender ist falsch und absurd und kein archaisches Volk benutzte jemals die *viel gepriesenen* und merkwürdigen planetarischen Stunden der modernen Astrologen.

Die alten Gelehrten betrachteten den Tag wie ein Kreuz in einem perfekten Kreis.

Diese alten Sternenbetrachter mit ihren forschenden Augen drangen tief in die Mysterien der Sterne ein und erhielten die Erleuchtung der planetarischen Götter.

Diese alten Astrologen lernten von den Göttern, dass der Tag sich wie ein Kreuz in einem perfekten Kreis in vier Teile unterteilt.

Sie wussten, dass der Tag nur von vier Planeten regiert wird, nach der alten Reihenfolge: Mond, Merkur, Venus, Sonne, Mars, Jupiter und Saturn.

Das erste Viertel des Tages wird vom Planeten des Tages beherrscht, der seinen Namen trägt, und das zweite, dritte und vierte Viertel des Tages von den Planeten in der folgenden Reihenfolge: Mond, Merkur, Venus, Sonne, Mars, Jupiter und Saturn.

So entspricht der Tag Montag also dem heutigen Sonntag und der Samstag dem heutigen Samstag, welcher der siebente Tag ist.

Die folgende Aufzählung stellt die wahre planetarische Reihenfolge dar.

Montag
Mittwoch
Freitag
Sonntag
Dienstag
Donnerstag
Samstag

Für diejenigen, die die planetarischen Zeichen nicht kennen, erklären wir das so:

Mond
Merkur
Venus
Sonne
Mars
Jupiter
Saturn

Auf diese Weise teilen sich die zwölf Stunden des Tages in vier Teile von jeweils drei Stunden.

Dieses einfache, leichte und schnelle System erlaubt uns, genau zu wissen, welcher Planet in einem bestimmten Moment gerade den Weltraum regiert. Das war das System, das die großen alten Astrologen kannten und sie lernten es von den siderischen Göttern.

Hier braucht man die berühmten Berechnungen der Astrologen der Arithmetik nicht. Hier ist das Einzige, was man braucht, ein wenig Übung und einen gutes Gespür, um die siderische Zeit kennenzulernen.

Dieses einfache und erhabene System kann jeder Mensch lernen, denn dafür braucht man weder komplizierten Rechnungen noch viele Logarithmen, noch Häusersysteme, noch umfangreiche astrologische Ephemeriden und auch nicht den komplizierten Fachjargon der Pseudogelehrten der arithmetischen Astrologie.

Nun ist eine neue Art von Astrologen entstanden, die Erleuchteten der neuen Ära, die Vorkämpfer des Wassermannzeitalters. Wir brauchen keine arithmetischen Horoskope mehr, jetzt sprechen wir mit den Göttern, um das Schicksal der Menschen kennenzulernen.

Schüttelt den Staub aus euren Köpfen, ihr alten Professoren der Astrologie, denn die ersten Glockenschläge des Wassermannzeitalters sind schon erklungen und singen das Osterfest der Auferstehung.

Lasst uns in Frieden, Astrologen der Arithmetik; wir haben genug von euren Fehlern, verbrennt diesen Fachjargon von Logarithmen, Ephemeriden, Häusersystemen, usw.!

Jetzt interessieren uns nur die Vorkämpfer der neuen Ära, die erleuchteten Astrologen, die wissen, wie man mit den siderischen Göttern spricht. Wir sind gelangweilt von so vielen Theorien und gehen der Sache auf den Grund, bis zum Kern, zum Wahren. Wir wollen keine blinden Astrologen mehr, die sich auf die Krücken der Zahlen stützen!

Jetzt interessieren uns nur die Hellsichtigen der Sterne, die Priester der siderischen Tempel, die Weisen des Wassermannzeitalters. Der Schüler muss die Stunde wählen, in der er mit den Sternen arbeitet.

In den Stunden des Mondes kann er mit dem Mond arbeiten. In den Stunden des Merkur kann er mit Merkur arbeiten, usw. Saturn ist das Heim der grünen Hierarchien. Diese Hierarchien gaben dem Menschen die *tierische Seele* oder den Mentalkörper. Der Verstand muss sich von allen Arten von Schulen, Religionen, Sekten, Glaubensrichtungen, usw. befreien.

All diese *Käfige* sind Hindernisse, die den Verstand für das freie Denken unfähig machen. Es ist wichtig, dass der Verstand sich von den Illusionen dieser Welt befreit und sich in ein feines und wundervolles Instrument des Innersten verwandelt.

Man muss den Verstand von allen Arten von Gedanken der Begierde befreien.

Die Christifizierung des Verstandes ist unabdingbar, der Christus-Verstand ist unabdingbar. Wir brauchen einen Verstand, der nur mit dem Herzen denken kann. Wir brauchen einen Verstand, der nur die Stimme der Ahnungen hören kann.

Wir brauchen einen Verstand, der nicht nachdenkt, wenn das Herz befielt!

Der Verstand, der nur den Ahnungen gehorcht, ist der Christus-Verstand.

Der Verstand, der nicht nachdenkt und sich nur nach den Befehlen, die vom Herzen kommen, richtet, ist der Christus-Verstand.

Der Verstand, der nicht auf die äußeren Einflüsse reagiert, ist der *Christus-Verstand.*

Der Verstand muss sich in ein Instrument des Herzens verwandeln.

Was weiß der Verstand? Das Denken ist ein schmerzhafter Prozess des Verstandes, das sich auf die Illusion der äußeren Dinge stützt.

Das Denken tut nichts anderes, als den Verstand zu teilen durch die Schlacht der Antithesen. Die Entscheidungen des Verstands sind Töchter der Unwissenheit und bringen immer Leid mit sich.

Die neue Menschheit wird die Menschheit der Intuition sein.

Der Intuitive handelt nur nach der Stimme der Stille.

Die vollständige Christifizierung des Verstandes verwirklicht sich nur mit der Kundalini des Mentalkörpers. Die Kundalini des Mentalkörpers ist der vierte Grad der Macht des Feuers.

Durch die Kundalini des Mentalkörpers extrahieren wir den Christus-Verstand aus der tierischen Seele. Wir müssen alle

Arten von irdischen Gedanken aus dem Tempel des Verstandes vertreiben.

Die Meisterin H. P. B. sagt in „Die Stimme der Stille“ Folgendes: *Du musst jene geistige Stärke erlangen, die es unmöglich macht, dass irgendeine Strömung, so stark sie auch sei, einen materiellen Gedanken in dich einführen kann.*

So gereinigt muss dein Schrein frei sein von aller Tat, allem Tone oder irdischem Lichte. So wie der Schmetterling, den der Frost ereilt, leblos auf der Schwelle niederfällt, so müssen alle irdischen Gedanken tot vor dem Heiligtume niederfallen.

Ehe die goldene Flamme ein ruhiges Licht geben kann, muss die Lampe in einem Orte, der wohl gegen den Wind geschützt ist, stehen.

Das Denken gehört dem *tierischen Ich* an, die Intuition ist die Stimme des *Innersten*. Das Denken ist äußerlich, die Intuition ist innerlich.

Der vierte Grad der Macht des Feuers verwandelt uns in einen Arhat.

Der Mentalkörper hat auch seine Wirbelsäule und seine Schlange. Der Aufstieg der Kundalini des Verstandes verwirklicht sich entsprechend den Verdiensten des Herzens.

Wir haben beim Zeichen Steinbock über den Verstand gesprochen, weil dieses Sternzeichen das Heim des Saturn ist und auf diesem Planeten wohnen die grünen Herrscher, welche dem Menschen den Mentalkörper schenkten.

Das Zeichen Steinbock ist das Tor zum Himmel, denn es ist das Heim des Saturn.

Wenn die Seele desinkarniert ist, und den *post-mortem* Etappen folgt, gelangt sie zur ultra-saturnischen Sphäre; sie taucht ein in das Unendliche und hat das Gefühl, die gesamte Unendlichkeit in sich selbst zu haben. Dieses Gefühl verstärkt sich, bis die Seele sich mit einem neuen physischen Körper verbunden fühlt, der ihr erlaubt, noch einmal in die leidvolle Schule des Lebens zurückzukehren, um ihren Aufstieg durch die Spirale des Lebens fortzusetzen.

Saturn, der Herr des Todes, findet in Steinbock sein Heim. Steinbock beeinflusst die Knie und das menschliche Skelett.

Die von der Erde aufsteigenden Strömungen laden sich beim Erreichen der Knie mit dem Blei des Saturn auf. Das Blei verleiht diesen Strömungen Kraft und Ausdauer.

Die Knie besitzen eine wundervolle Substanz, die ihnen die freie Bewegung des so einfachen und wundervollen Gelenks erlaubt. Diese Substanz ist die „Synovia", das heißt: (syn) *mit* und (ovia) *Ei*, *Substanz mit Ei*.

Das Ei ist wirklich eine wundervolle Substanz. Hoch wissenschaftliche esoterische Experimente bezüglich der Entfaltung der menschlichen Persönlichkeit beweisen, dass die Eierschale bestimmte okkulte Kräfte besitzt, die die astrale Verdoppelung erleichtern.

Der Schlüssel besteht darin, die Eierschale zu Pulver zu zermahlen. Dieses Pulver gibt der Schüler auf die Brust und die Achselhöhlen, legt sich dann auf sein Bett und deckt sich gut zu.

Der Schüler soll dann einschlafen, während er das Mantram „Faraon" folgendermaßen spricht:

FaaaaaaRrrrrrrraaaaaaaaOooooonnnnnnn

Es kann mental gesprochen werden, und wenn der Schüler fühlt, dass er eingeschlafen ist, soll er sich von seinem Bett erheben und sich zur gnostischen Kirche begeben.

Die erste Silbe **Fa** entspricht dem chinesischen Gong, d. h., der musikalischen Note **F**, die in der ganzen Schöpfung erklingt.

Man muss diese Note aussprechen, um mit Mutter Natur in Einklang zu kommen.

Die zweite Silbe **Ra** entspricht einem sehr alten Mantram, das alle Chakras des Astralkörpers vibrieren lässt; dieses Mantram wird nicht mit **r** sondern mit **rr** ausgesprochen. Folgendermaßen:

Rrrrrrrrrrrraaaaaaaaaaaaaa.

Und die letzte Silbe „On" entspricht dem indischen Mantram Om, wird hier aber folgendermaßen gesprochen: Onnnnnnnnnn.

Dieses Mantram „Faraon" kann mental oder noch besser mit dem Herzen gesprochen werden. Das mächtige ägyptische Mantram „Faraon" dient also dazu, mit dem Astralkörper zu reisen.

Während des Zeichens Steinbock soll man die folgende Übung praktizieren:

Der Schüler stellt sich einen Sarg auf dem Boden vor und steigt über diesen imaginären Sarg, lässt aber den Sarg auf der Höhe der Knie und geht, indem er die Knie beugt, als ob er über ein Hindernis springen würde, und dreht die Knie von links nach rechts, mit der Absicht, sie mit dem Blei des Saturn aufzuladen, so wie es uns der große Guru Huiracocha gelehrt hat.

Es ist auch notwendig, täglich die Übungen der inneren Meditation auszuführen und unseren Innersten zu bitten, sich in die siderischen Tempel zu begeben, um die Genien dieser Konstellation zu uns zu bringen, damit diese unsere Chakras und Mächte der Knie erwecken. Die Steinbock Geborenen sind so melancholisch wie die Trauerweide. Sie haben einen ausgeprägten Sinn für ihre eigene moralische Verantwortung.

Sie sind Pessimisten und haben in ihrem Leben immer einen Judas.

Sie sind praktisch und sorgen sich sehr um die Zukunft.

Ihre Hauptsorge ist die finanzielle Seite des Lebens. In der Liebe leiden sie sehr und müssen immer eine große Liebesenttäuschung erleben.

Ihr Metall ist das Blei.

Stein: schwarzer Onyx

Farbe: Grau und Schwarz

In Brüderlichkeit, der Meister eures Kurses,

Samael Aun Weor

Wassermann

20. Januar bis 17. Februar

Beherrscht: Waden und Knöchel

Metall: Blei

Stein: Saphir und schwarze Perle

Planet: Saturn und Uranus

Farbe: Grün

Element: Luft

Tag: Samstag

Regent: Orifiel (Saturn)

Lieber Schüler:

Heute beschäftigen wir uns mit der Konstellation Wassermann und wir müssen direkt sein.

Die Christifizierung findet schrittweise statt, Körper für Körper. Das Erste, was sich christifiziert, ist die Bewusstsein-Seele, die wir mittels Kundalini aus dem physischen Körper extrahieren, um die göttliche Seele oder den buddhischen Körper zu bereichern.

Ein christifizierter und stigmatisierter buddhischer Körper verschmilzt unvermeidlich mit dem Innersten.

Dann kommt die Christifizierung und Stigmatisierung des ätherischen Körpers. Sie verwirklicht sich durch den Prozess des Fortschritts, der Evolution und des Aufstiegs der Kundalini des ätherischen Körpers.

Jeder Körper hat sein zerebrospinales Nervensystem, sein Rückenmark und seine eigene Kundalini. Jeder Körper ist ein vollständiger Organismus. Es sind also sieben Körper, sieben Wirbelsäulen und sieben Kundalinis.

Wenn wir nach großen Anstrengungen und schrecklichen schmerzvollen Prüfungen den vollständigen Aufstieg der goldenen Kundalini des ätherischen Körpers erreicht haben, dann strahlt die Sonne des Vaters im Regen der Nacht und der fünfzackige Stern über dem Kopf des Weisen zeigt, dass er alle schmerzvollen Prüfungen bestanden hat.

Danach wird das Datum für die zweite Einweihung der großen Mysterien für den Weisen festgelegt, und dieser betritt glücklich und siegreich den Tempel, um die zweite Einweihung der großen Mysterien zu empfangen.

Diese Einweihung verleiht ihm die Macht, im ätherischen Körper durch alle kosmischen Ebenen zu reisen.

Die Kundalini des ätherischen Körpers öffnet alle Fähigkeiten des ätherischen Körpers. Der seelische Extrakt des ätherischen Körpers wird vom Innersten schrittweise absorbiert.

Dann kommt die Christifizierung und Stigmatisierung des Astralkörpers. Die Kundalini des Astralkörpers hat die Farbe des „Blitzes“ und erwacht unter der Anleitung eines Spezialisten.

Die Kundalini des Astralkörpers öffnet die Chakras des Astralkörpers. Also erreicht man die vollständige Entwicklung der Chakras des Astralkörpers nur mit der dritten Kundalini, welches die Kundalini des Astralkörpers ist.

Der Aufstieg der Kundalini des Astralkörpers durch den dünnen Kanal von Shushumna, welcher der Wirbelsäule des Astralkörpers angehört, ist eine äußerst harte und schwere Arbeit, denn um jeden Wirbel des Astralkörpers zu erringen, muss man die schrecklichsten und unbeschreiblichsten Versuchungen ertragen und überwinden.

Wenn wir den vollständigen Aufstieg der Kundalini des Astralkörpers erreicht haben, dann kommt die dritte Einweihung der großen Mysterien und alle magnetischen Räder oder Scheiben des Astralkörpers des Weisen sind vollständig geöffnet und strahlend.

Später kommt die Christifizierung des Mentalkörpers, die uns in einen Arhat verwandelt. Diese Arbeit wird durch die Kundalini des Mentalkörpers, die vierte Kundalini, verwirklicht.

Die fünfte Schlange gehört dem Kausalkörper oder dem höheren Manas an, von dem wir dann die menschliche Seele extrahieren, um sie mit dem inneren Meister zu verschmelzen; so wird das Septenar in die Triade von Atma-Buddhi-Manas synthetisiert.

Die zwei höheren Schlangen gehören dem buddhischen Körper und dem atmischen Körper an und dieser verleiht uns die höchste Glückseligkeit und die Weisheit des Nirvana.

Die achte und neunte Einweihung der großen Mysterien sind praktisch makrokosmisch. Das Wichtige ist die Christifizierung der sieben Körper und das ganze Geheimnis liegt im männlichen Glied und in der Scheide.

Vom Samen erhebt sich das Feuer des Heiligen Geistes, das uns in Götter verwandelt, aber das Feuer des Heiligen Geistes hat sieben Grade der Macht, welche die sieben Grade der Macht des Feuers sind.

Alle symbolischen Erzählungen der spirituellen Bücher sind vollkommen allegorisch, wenn sie von der Einweihung sprechen, denn vor mir hat noch nie jemand den Schleier der sieben Grade der Macht des Feuers gelüftet.

Bis vor Kurzem glaubte der größte Teil der Spiritualisten, dass mit dem Erwecken von Kundalini diese sofort bis zum Gehirn aufsteige, und dass der Mensch in der Tat sofort mit seinem Innersten oder seinem inneren Gott verbunden werde und sich in einen Mahatma verwandle.

Wie bequem stellten sich diese Theosophen, Rosenkreuzer, Spiritisten, usw., die hohe Einweihung vor!

Ich wurde dazu berufen, den Schleier der Christifizierung zu lüften und deshalb spreche ich klar, damit ihr mich versteht.

Der Aufstieg jeder Einzelnen der sieben Kundalinis ist langsam und schwierig. Jeder Wirbel stellt bestimmte okkulte Mächte dar und deshalb verlangt die Eroberung jedes Wirbels schreckliche Prüfungen.

Es sind sieben Schlangen und sieben schreckliche Tore. Jenseits dieser sieben Tore regiert nur der Schrecken der Liebe und des Gesetzes.

Man muss nicht nur das Verlangen töten, sondern das Wissen über das Verlangen. Das ganze Geheimnis der Macht befindet sich in der Sexualität.

Die sexuelle Kraft ist nur *eine*, sie ist *einzigartig* und absolut universell und ihr Hauptlager befindet sich im Absoluten.

Zu Beginn des Mahanvantara drückt sich diese Kraft durch die sieben Grade der Macht des Feuers aus und diese sieben Grade der Macht des Feuers befinden sich in unseren sieben Körpern und sind unsere sieben Kundalinis, die wir eine nach der anderen der Reihe nach durch die sieben Tore erwecken müssen. Deshalb sagte Buddha: „Hört mir gut zu, oh Bettler, in jedem menschlichen Buddha gibt es sieben Buddhas!“

Das sind die sieben seelischen Extrakte der sieben Körper und der sieben Schlangen.

Die Sexualorgane aller lebenden Arten sind nur die Instrumente dieser einzigartigen und universellen sexuellen Kraft.

In der Sexualmagie liegt der Schlüssel aller Reiche und der Schlüssel aller Mächte. Wir müssen unsere metallische Schlange oder besser gesagt, unsere sieben Schlangen auf dem Stab erheben, so wie es Moses in der Wüste tat, und so werden wir uns in gewaltige Mächte des *glücklichen Nirvana* verwandeln.

Das Zeichen des Wassermann beherrscht die Waden. Die Brasilianer nennen die Waden „ventres das pernas“ oder „matriz das pernas“. Auf Deutsch übersetzt bedeutet das: „Bauch der Beine“ oder „Gebärmutter der Beine“.

Die ursprünglichen hermaphroditischen Menschen pflanzten sich durch Sporen fort, und diese Sporen lösten sich von den Waden.

Die Waden sind außerordentlich erotisch und deshalb fühlt sich jeder Mann sexuell von einer Frau angezogen, die schöne Waden hat. Dort treffen sich die irdischen und himmlischen Kräfte und vermischen sich.

Während dieses Sternzeichens wird folgende Übung ausgeführt:

Der Schüler streicht über seine Waden von unten nach oben und betet folgendermaßen:

Kraft gehe hindurch! Kraft gehe hindurch! Durchdringe meinen Organismus; Strömung, die von unten kommt, steige auf und vereine dich mit deiner Schwester, der Strömung, die von oben kommt, vom Himmel, von *Urania*.

Dann begibt sich der Schüler in Meditation und bittet seinen Innersten, sich zum siderischen Tempel des Wassermann zu begeben und die Genien dieser Konstellation zu uns zu bringen, um die Erleuchtung zu erlangen.

Wassermann ist das Heim von Uranus und dieser Planet bringt die Keuschheit, die Einzigartigkeit des Genies, die Weisheit, mit sich. Die Wassermann Geborenen sind unabhängig und besitzen starke Willenskraft; sie sind intuitiv und reisen gerne; sie lieben die Wissenschaft und die Weisheit.

Sie haben eine große Begabung für Naturwissenschaften.

In Brüderlichkeit, der Meister eures Kurses,

Samael Aun Weor

Fische

18. Februar bis 20. März

Beherrscht: Füße

Metall: Platin und Zinn

Stein: Amethyst

Planet: Jupiter und Neptun

Farbe: Violett

Element: Wasser

Tag: Donnerstag

Regent: Zachariel (Jupiter)

Lieber Schüler:

Heute beschäftigen wir uns mit dem Sternzeichen Fische, dem letzten Zeichen des Tierkreises, das von Neptun und Jupiter beherrscht wird. Ich habe diesen Kurs mit einem einzigen Ziel gegeben: damit ihr das grenzenlose Glück des Nirvana erlangt. Das Nirvana ist das Tal der tiefen Stille und des „Nicht-Seins", aber in Wahrheit ist dort unser wahres „Sein". Wir sagen „Nicht-Sein", weil wir dort auf eine Art leben, die so verschieden ist von unserem heutigen Verständnis, das es die Kapazität unserer gewöhnlichen Sinne übersteigt und deshalb sagen wir „Nicht-Sein", aber in Wirklichkeit ist dort unser „wahres Sein."

Das Nirvana ist jenseits der Liebe und das, was jenseits der Liebe ist, ist die *absolute Glückseligkeit*. Das Nirvana ist jenseits der Begierde, jenseits des Verstandes, jenseits des

Willens, jenseits der Intelligenz und weit jenseits des Bewusstseins.

Das Nirvana ist die *Heimat des Seins.*

Wie können wir es definieren? Dort fühlt sich die Seele, die vollkommen mit dem Innersten verschmolzen ist, allmächtig und machtvoll in einer Glückseligkeit, die keine Grenzen kennt.

Dort ist der Tropfen im Ozean versunken und der Ozcan im Tropfen. Dort verzücken uns die unaussprechlichen Melodien und versetzen uns in einen Zustand der Glückseligkeit, der jedes Verständnis überschreitet.

Die großen Rhythmen des Feuers überfluten die unglaublichen Bereiche des Nirvana und die Seelen mit den majestätischen Gesichtern, mit ihren Tuniken der Dharmasayas und ihren vornehmen Umhängen, begleiten mit ihren Gesängen die wundervollen Melodien des *Mahavan* und des *Chotavan*, welche den Kosmos während des Mahanvantara erhalten.

Der Einweihende muss dem Schüler die letztendliche Wahrheit lehren, bevor er das Nirvana betritt. Der Einweihende muss den Schüler die großen Mysterien des Nirvana lehren, bevor der Schüler selbst das Nirvana betritt.

Das Nirvana bedeutet, die Welt und den Menschen für immer zu vergessen. Dort wohnen auch die Götter anderer Mahanvantaras in einem Zustand unbeschreiblicher Glückseligkeit. Dort sind alle Tränen verschwunden und es herrscht nur die Glückseligkeit des *Seins.*

Die Nirvanis besitzen keinen der vier Sündenkörper, genannt physischer, ätherischer, astraler und mentaler Körper. Der Meister extrahiert aus diesen Vehikeln nur ihre seelischen Extrakte, welche vor dem Eintritt in das Nirvana absorbiert und assimiliert werden.

Die Nirvanis arbeiten unter der Leitung ihrer Sternenväter:

Der Innerste aller Menschen ist der Sohn eines siderischen Genius und es gibt so viele Väter im Himmel wie Menschen auf der Erde.

Jeder Mensch wird in jeder Reinkarnation unter einem anderen Sternzeichen geboren, damit das Ego sich langsam *abrundet*, aber es gibt einen Stern, der unser Inneres lenkt, und dieser Stern ändert sich nie, es ist der Sternenvater. Das ist unser Vater im Himmel.

Isbener Aldane sagt: „Ich erhebe die Augen zu den Sternen, von denen Hilfe zu mir kommen soll, aber ich folge immer dem Stern, der mein Inneres führt."

Als nach der tiefen Nacht von *Pralaya* das Herz des Sonnensystems zu pulsieren begann, befruchtete zu Beginn der Morgenröte des Mahavantaras der erste unmanifestierte Logos des großen Atems das Akasha und unsere sieben planetarischen Logos tauchten auf und formten das Akasha oder die ursprüngliche Materie durch das Feuer des Lebens, um dieses Sonnensystem zu errichten, in dem wir evolutionieren.

Diese erhabenen Architekten des Lebens sahen, dass wir nur unbewusste Strahlen des höchsten Parabrahatman waren, des immer unbekannten ewigen Vaters, den wir „das Absolute" nennen.

Es waren diese erhabenen Prajapatis oder göttlichen Engel, die die unbewussten Strahlen des Absoluten mit dem, was wir heute *Monaden* oder noch besser *Innerste* nennen, ausstatteten.

Und jeder Mensch hat seinen Innersten und jeder Innerste hat seinen Vater, der ihn zeugte; dieser ist unser Vater im Himmel.

Aun mani padme hum – dieses Mantram wird esoterisch so ausgesprochen: **Om masi padme yom** (in Silben aufgeteilt, und indem man den Ton jedes Buchstabens verlängert). Die Bedeutung dieses Mantrams ist: „Oh mein Gott in mir!"

Dieses Mantram muss mit dem Herzen in tiefer Meditation vokalisiert werden; man soll den Innersten anbeten, man soll den Innersten lieben, man soll den Innersten verehren, denn der Innerste ist im Grunde die Seele unseres Vaters, der in uns verkörperten ist, unsere göttliche Individualität, mit der wir verschmelzen müssen, um in diese unendliche und unbeschreibliche Glückseligkeit des Nirvana zu gelangen, wo es weder Leid noch Tränen noch Schmerz gibt.

Unser Herr der Christus lehrte uns folgendermaßen zu beten:

Vater unser im Himmel, geheiligt werde dein Name.

Dein Reich komme.

Dein Wille geschehe, wie im Himmel so auf Erden.

Unser tägliches Brot gib uns heute.

Und vergib uns unsere Schuld, wie auch wir vergeben unseren Schuldigern.

Und führe uns nicht in Versuchung, sondern erlöse uns von dem Bösen.

Amen.

Dieses Gebet wird in tiefer Meditation gesprochen, indem dieser unaussprechliche Stern, von dem unser Innerster stammt, verehrt wird und so lernen wir, mit unserem Vater zu sprechen, der im Verborgen ist. Viele würden sagen: „Gut, aber wie und in welcher Weise hat uns unser göttlicher Vater gezeugt, der im Himmel ist?"

Das bedarf einer Erklärung, lasst uns sehen:

Unser Vater ist vor allem eine Flamme von glühendem Feuer und jede Flamme hat die Fähigkeit der feurigen Ausdehnung und der Entwicklung, Entfaltung, Evolution und Unabhängigkeit jeder ihrer Funken.

Macht das Experiment mit irgendeiner Flamme und ihr werdet sehen, dass diese Flamme sich überall hin ausdehnen kann und dass jeder einzelne ihrer Funken sich in eine unabhängige Flamme verwandeln kann.

Übertragt dieses Beispiel jetzt auf die Morgendämmerung des Mahanvantara und dann werdet ihr verstehen, wie eure himmlischen Väter euch gezeugt haben.

Wenn ihr nun versteht, dass jeder Funke mit einem Lichtstrahl verbunden ist, dann werdet ihr diese Beziehung zwischen den Funken und dem Licht verstehen und unserem göttlichen Funken und dem Lichtstrahl des Absoluten, dem wir angehören.

Dieser Lichtstrahl des Absoluten ist unser „Glorian".

Unser Glorian ist ein Hauch, der sich selbst zutiefst unbekannt ist. Unser Glorian ist ein Hauch des Absoluten. Bevor er eine göttliche Monade hatte, war er sich seiner selbst nicht bewusst; sein Bewusstsein war das Bewusstsein des Absoluten, aber er konnte nicht sagen: „Ich bin ich".

Aber jetzt ist der Glorian jedes Einzelnen von uns mit einem *göttlichen Ich* ausgestattet und deshalb kann unser Glorian jetzt sagen: „Ich bin ich", „Ich bin der Absolute" und „Ich bin jetzt hier"; und so berauscht von Glück wird er in diesem Meer des höchsten Glücks versinken, wenn die kosmische Nacht hereinbricht, um aus seinem tiefen Schlaf zu erwachen, wie ein unaussprechlicher Gott, wenn die Morgendämmerung des neuen Mahanvantara beginnt und dann breitet sich jeder

Einzelne von uns als erhabene Flammen aus, wie das Feuer sich ausbreitet und jeder unserer feurigen Funken wird sich in Stein, Pflanze, Tier, Mensch und Engel verwandeln; und jeder unserer in Flamme verwandelten Funken wird uns lieben und verehren und seinen Lobgesang auf uns anstimmen, für immer und ewig. Amen. „Halleluja, Halleluja, Halleluja!“ und der Weihrauch seiner Gebete wird uns erreichen wie ein unglaublicher Duft voller Liebe.

Dann werden wir für unsere „Söhne des Feuers“ dasselbe tun, was unsere Eltern für uns getan haben. Es ist ratsam, dass der Schüler lernt, seinen Vater im Astralkörper zu besuchen, um direkte Anweisungen von seinem Vater, der im Himmel ist, zu erhalten.

Die Strahlen der Sterne erzeugen, wenn sie auf unsere Erde treffen, Farben, Klänge, metallische Elementale, die sich in Metalle kondensieren, metallische Elementale, die evolutionieren und sich in pflanzliche Elementale verwandeln, pflanzliche Elementale, die sich in tierische Elementale transformieren und tierische Elementale, die schließlich von ihren göttlichen Funken erweckt werden, um uns zum ersten Mal in Menschen zu inkarnieren und Menschen, die zu Engeln werden, um erneut zu ihrem Vater, der sie gezeugt hat, zurückzukehren. Dieser ganze Auf- und Abstieg der jungfräulichen Funken durch diese Wanderung der Materie wird durch die Leiter im Traum von Jakob symbolisiert.

Was ist das Eisen? Es ist die Seele von *Samael-Mars*, die dort evolutioniert.

Was ist das Kupfer? Die Seele von *Uriel-Venus*, die dort evolutioniert.

Was ist das Blei? Die Seele von *Orifiel-Saturn*, die dort evolutioniert.

Was ist das Gold? Die Seele von *Michael-Sonne*, die dort evolutioniert.

Was ist das Silber? Die Seele von *Gabriel-Mond*, die dort evolutioniert.

Was ist das Zinn? Die Seele von *Zachariel-Jupiter*, die dort evolutioniert.

Und dieses ganze Auf und Ab des Lebens erklingt in der gesamten Natur mit dem chinesischen Gong.

Wenn die kosmische Nacht hereinbricht, kehren alle in Flamme verwandelten Funken zu ihren Vätern zurück und ihre Väter kehren zum unmanifestierten Logos zurück, um im grenzenlosen Glück des Absoluten zu versinken, wo es weder Tränen noch Schmerz gibt, wo wir alle „Eins“ sind, wo wir alle „der Gott“ sind, der „Namenlose“, „Jener“, „Jener“, „Jener“.

Dieses Auf und Ab des Lebens wird eindeutig in den Veden bestätigt, welche die ältesten heiligen Schriften sind, denn die advaitische Philosophie geht auf Tausende von Jahren vor Christus zurück; das ist das alte Gesetz des Pendels.

Es gab *Höhepunkte* der Menschheit, in denen der siderische Vater eines großen Genius durch ihn sprechen konnte und sich durch ihn ausdrücken konnte, um neue Zyklen der spirituellen Kultur zu beginnen.

Ich, Samael Aun Weor, bin nur der Sohn und das Instrument von *Samael-Mars* und was ich euch lehre, ist die Weisheit meines Vaters. Jeder Einzelne von uns besitzt sein spirituelles und astrales Erbe, von seinem Vater, der im Himmel ist.

Alle mentalen, emotionalen, psychischen und spirituellen Fähigkeiten werden von den verborgenen Eigenschaften der Stufen der Ursachen beeinflusst, die von den Hierarchien der planetarischen Genien ausgesandt werden und nicht von den physischen Planeten. Aus diesem Grund müssen wir noch einmal betonen, dass die Astrologie der Arithmetik uns, die wahren Astrologen, nicht interessiert.

Das Sonnensystem entwickelt sich im Schoß des Tierkreises und die 24 Ältesten und ihre 12 Hierarchien des Tierkreises arbeiten durch ihre planetarischen Strahlen an diesem Sonnensystem. Diese 24 Ältesten haben ihre heiligen Namen; jede einzelne der 12 Konstellationen des Tierkreises wird von zwei Ältesten regiert:

Widder:	Sataaran und Sarahiel.
Stier:	Bagdal und Araziel.
Zwilling:	Sagras und Saraiel.
Krebs:	Randhar und Phakiel.
Löwe:	Sagham und Seratiel.
Jungfrau:	Iadara und Schaltiel.
Waage:	Grasgarben und Hadakiel.
Skorpion:	Richol und Saissaiel.
Schütze:	Vhcri und Saritaiel
Steinbock:	Sagdalon und Semakiel.
Wassermann:	Archer und Sakmakrel.
Fische:	Rasamasa und Vacabiel.

Das sind die 24 Ältesten, die die 12 Konstellationen des Tierkreises regieren und während eurer Sternzeichen-Übungen müsst ihr die siderischen Tempel der Genien besuchen, mit denen ihr arbeitet: beim Widder werdet ihr die Genien des Widder besuchen, beim Stier die des Stiers, usw.

Bittet diese Genien, dass sie zu euch kommen, um eure Organe, die dem Sternzeichen entsprechen, mit dem ihr arbeitet, zu behandeln.

Diese 24 Ältesten versammeln sich manchmal im Herzenstempel der Erde um das Lamm.

Unsere 12 Fähigkeiten, d. h. unsere 12 Sinne, sind die 12 Fähigkeiten des Tierkreises in uns.

Wir müssen unseren Tierkreis durch diese Übungen zum Strahlen bringen, damit wir uns in unaussprechliche Götter verwandeln.

Unser Körper ist eine einzige musikalische Harfe, auf der die sieben Vokale der Natur unaufhörlich erklingen müssen. So ist es also wichtig, während des Sternzeichens Fische die Töne der sieben Vokale folgendermaßen zu vokalisieren:

iiiiiiiiiiiiiiiiiiiiii
eeeeeeeeeeeee
oooooooooooo
uuuuuuuuuuuu
aaaaaaaaaaaaaa
mmmmmmmmm
ssssssssssssssss

Der Klang jedes einzelnen dieser sieben Vokale muss vom Kopf bis in die Füße gebracht werden. Der Meister Huiracocha sagt, dass eine Stunde der täglichen Vokalisation mehr Wert ist, als eine Million Bücher über die östliche Theosophie zu lesen.

Die Fische beeinflussen die Füße und die Füße sind der Filter, durch den die Kräfte eindringen, die vom Genius der Erde aufsteigen.

In den Linien unserer Füße sind unsere vergangenen Inkarnationen geschrieben und die vom heiligen Erlöser der Welt durchgeführte Zeremonie der Fußwaschung bedeutet, dass er, das göttliche Lamm, gekommen ist, um uns mit seinem Blut von all unserer vergangenen Schuld reinzuwaschen.

Christus ist das Lamm Gottes, das die Sünden der Welt auslöscht.

Der Schlüssel, um das Nirvana zu betreten, liegt in der absoluten Heiligkeit und in der absoluten Keuschheit.

Es ist wichtig, dass der Schüler lernt, die Zeichen des Himmels zu erkennen. Die Frau Julius Cäsars, des römischen Kaisers, sah in ihren Träumen einen Stern vom Himmel fallen und versuchte, Julius Cäsar zu retten, aber weil dieser nicht auf sie hörte, wurde er ermordet, als er das Kapitol in Rom betrat.

Als Hitler den Krieg begann, sah ich auf hellsichtige Weise mitten am Tag zwei gelbe Sterne, die sich voneinander trennten.

In Atlantis gab es in der physischen Welt sieben wichtige Orakel, wo die Menschen die Weisheit der Sterne studierten und die siderischen Götter um Rat fragten.

Die Hüter dieser Mysterien waren große Eingeweihte. Im Orakel des Mars wurde der marsianische Okkultismus gelehrt. Im Orakel des Jupiter die jupiterianische Religion. Im Orakel der Venus die venusianischen Künste und Weisheiten. Im Orakel des Saturn die Weisheit des Saturn. Im Orakel des Mondes der lunare Okkultismus. Im Orakel des Merkur die merkurianische Weisheit und im solaren Orakel unsere gnostische Weisheit.

Die alten Priester lehrten ihre Schüler, die Zeichen des Firmaments zu interpretieren; diese Zeichen werden interpretiert, indem man sich auf das Gesetz der philosophischen Analogien stützt, z. B.: Wenn ihr mit euerer Hellsichtigkeit schwarze Sterne seht, bedeutet das einen Misserfolg für euch.

Wenn ihr einen Stern vom Himmel fallen seht, in dem Augenblick, in dem ein Freund auf eine Reise geht, bedeutet das für euren Freund einen Trauerfall.

Wenn der Stern auf jemanden oder in die Nähe von jemandem wichtigen fällt, wird diese Person sterben. Wenn eine Sternschnuppe plötzlich an euch vorbeikommt, wird jemand von euch scheiden. Wenn ihr zwei gelbe Sterne seht, die sich voneinander trennen, bedeutet das „Krieg".

Durch eure esoterischen Studien werdet ihr unter der Leitung einiger planetarischer Genien sein, und diese werden euch durch Lichtzeichen rufen, die ihr kennenlernen werdet.

Ihr müsst auch das Funkeln des Sterns eures himmlischen Vaters verstehen, wenn er euch ruft, um euch die Mysterien des Lichtes zu lehren. Diese so dichte Erde, auf der ihr heute lebt, wird eines fernen Tages ätherisch sein und dann werden wir das himmlische Jerusalem haben, wo es weder Tränen noch Schmerz gibt.

Dann wird die Konstellation des Orion, die der Welt so viel Leid von Norden her gebracht hat, eine Welt voller Freude und Glück erleuchten.

Danach schaute ich, und siehe, eine Tür war aufgetan im Himmel, und die erste Stimme, die ich mit mir hatte reden hören gleich einer Posaune, sprach: „Steige da herauf, und ich werde dir zeigen, was zu geschehen hat hernach."

Sogleich wurde ich im Geiste entrückt, und siehe, ein Thron stand im Himmel, und auf dem Thron saß einer, und der darauf saß, war wie Jaspis und Sardisstein anzusehen, und ein farbenreicher Strahlenbogen war rings um den Thron, anzusehen wie Smaragd.

Und im Umkreis des Thrones waren vierundzwanzig Throne, und auf den Thronen saßen vierundzwanzig Älteste, angetan mit weißen Kleidern und auf ihren Häuptern goldene Kränze. Vom Thron gehen Blitze aus und Stimmen und Donner und sieben Feuerfackeln brennen vor dem Thron, das sind die sieben Geister Gottes. Vor dem Thron ist es wie ein gläsernes Meer, gleich einem Kristall, und in der Mitte vor dem Thron und rings um den Thron sind vier Wesen, voller Augen vorne und hinten.

Das erste Wesen ist gleich einem Löwen, das zweite Wesen gleich einem Stier, das dritte Wesen hat ein Gesicht wie das eines Menschen, und das vierte Wesen ist gleich einem fliegenden Adler.

Und von den vier Wesen hat jedes sechs Flügel, und ringsum und inwendig sind sie voller Augen. Ohne Aufhören rufen sie Tag und Nacht: „Heilig, heilig, heilig ist der Herr, Gott, der Allherrscher, der war und der ist und der kommt."

Und wenn die Wesen dem, der auf dem Throne sitzt und in alle Ewigkeit lebt, Lobpreis darbringen, Ehre und Dank, fallen die vierundzwanzig Ältesten vor dem Thronenden nieder, beten den in alle Ewigkeit Lebenden an, legen ihre Kränze vor dem Throne nieder und sprechen:

„Würdig bist du, unser Herr und Gott, den Lobpreis zu empfangen und die Ehre und Macht; denn du schufst alle Dinge, und durch deinen Willen waren sie und wurden geschaffen." (Off. Kap. 4)

Möge tiefer Frieden in euren Herzen regieren.

Samael Aun Weor

Analytische Zusammenfassung des vorliegenden Kurses

Erste Lektion

In der ersten Lektion über den Widder haben wir gelehrt, wie und auf welche Weise wir unseren Kelch (Gehirn) mit christischem Licht füllen, um uns vollständig von Kopf bis Fuß zu christifizieren. Natürlich ist dieses Licht der christische Samen oder die christische Energie, die von der Umwandlung des Spermas in Energie stammt, denn Masse verwandelt sich immer in Energie, wie schon der weise Einstein bewies.

Wir begannen diese Lektion über den Widder, indem wir den Schüler lehrten, dass es absolut verboten ist, Unzucht zu begehen.

Und dieses Verbot hat als Ziel, dass der Schüler die christische Energie ansammeln kann, um sich von Grund auf zu verwirklichen.

Die christische Energie muss die zwölf Tore des Tierkreises in unserem Organismus durchlaufen, damit wir unsere Christifizierung erreichen. Das erste Tor, das unser christischer Samen durchlaufen muss, nachdem die sexuellen Kräfte von den Genitalien aufgestiegen sind, ist das Tor des Widders im Kopf.

Dort im Gehirn lädt sich unser christischer Samen mit dem Licht des Widders auf. Dann fließt diese christische Energie unter den Kräften des Tierkreises weiter durch den Hals, die Thymusdrüse, das Herz, usw.

Dieser Verlauf der Strömung der Samen wird wunderbar vom Apostel Markus beschrieben, der sich unserer heiligen gnostischen Eucharistie angenommen hat.

Zweite Lektion

In dieser Lektion haben wir unsere Schüler die Macht des schöpferischen Wortes gelehrt.

Der Kehlkopf ist ein sexueller Uterus, in dem das Wort gezeugt wird. Nicht nur mit dem männlichen Glied wird Unzucht begangen, sondern auch mit dem Wort. Die Verleumdung ist Unzucht.

Ein vollkommener Mann ist derjenige, der zu schweigen weiß, wenn sein Innerster nicht spricht.

Im Sternzeichen Stier müssen wir die Schlacke unseres Kehlkopfes verbrennen, damit die christischen Kräfte sich durch ihn ausdrücken können, so wie im Kehlkopf der Engel.

Die Engel erschaffen durch das Wort.

Dritte Lektion

Zu Beginn des XII. Jahrhunderts gründete ein Mönch mit dem Namen Norbert in Europa einen religiösen Orden.

Bevor dieser besagte Mann diese Idee hatte, war er ein weltlicher Mensch, der sich nur den Lastern und dem Vergnügen widmete. Eines Tages jedoch geschah etwas sehr Wichtiges: er wurde von einem Blitz getroffen, und auch wenn dieser ihn nicht tötete, so verwandelte er ihn doch vollständig.

Dieses Ereignis war kein Zufall. Es war ein kosmisches Ereignis, das von den Göttern verursacht wurde, denn dieser Mann war dazu bestimmt, das Karma der Welten zu kennzeichnen, indem er ein neues Werk vollbrachte und eine neue kulturelle Etappe des Bewusstseins einführte.

Alle fluidischen Verbindungen zwischen dem physischen, astralen und mentalen Körper jenes Mannes wurden durch den *Schock* der in dem Blitz enthaltenen Kraft vollständig verändert und dieser äußerliche *Schock* charakterisiert das neue Bewusstsein, das im Wassermannzeitalter seinen Höhepunkt erreichen wird.

Nun gut, bis zum Jahre 1889 waren diese äußerlichen *Schocks* sehr häufig, denn im XVIII. und XIX. Jahrhundert war es fast unmöglich, die inneren Welten zu betreten.

Die Natur hatte die Türen der inneren Welten für die Menschheit verschlossen, denn es war notwendig, dass der Mensch eine Ära der Finsternis durchlebte, um danach auf eine andere positive Weise die inneren Welten zu betreten.

Diese äußerlichen *Schocks* im XVIII. und XIX. Jahrhundert waren das Einzige, was einigen evolutionierten Seelen ermöglichte, Zutritt zu den inneren Welten zu gewähren.

1899 endete der erste Zyklus des Kali Yuga, und von diesem Datum an wurden diese äußerlich-seelischen *Schocks* innerlich.

In dieser Lektion über das Sternzeichen Zwillinge lehrten wir unseren Schülern, auf positive Weise die inneren Welten zu betreten.

Früher in Lemurien und Atlantis lebte die gesamte Menschheit in den inneren Welten, aber auf negative Weise; die astralen Chakras drehten sich von rechts nach links, d. h., in negativer Weise (umgekehrt).

Das Bewusstsein der Menschen war wie das, das die Menschen haben, wenn sie träumen; dieses Bewusstsein der Träume ist das des Tier- Pflanzen- und Mineralreichs.

Mit den Übungen des Sternzeichens Zwillinge verändern wir das *bildhafte* Bewusstsein des Traumlebens in ein vollständig bewusstes und waches Bewusstsein.

Diese Übungen verleihen uns das *kontinuierliche Bewusstsein*, das *neue Bewusstsein* des Wassermannzeitalters.

Der Schüler, der in den inneren Welten schläft, erweckt jetzt sein Bewusstsein und wird nie wieder träumen, d. h., ein eingeschlafenes Bewusstsein haben.

Er wird seine *Träume* in bewusste Erfahrungen verwandeln.

Diese Übungen erzeugen diese inneren *Schocks*, die das Bewusstsein erwecken, und verwandeln die Träume in wahre und wirkliche Erfahrungen in den inneren Welten.

Und solange der Körper in seinem Bett schläft, verwandelt sich der Schüler in den inneren Welten in einen unsichtbaren Helfer und in einen Arbeiter unter den Befehlen der universellen Weißen Bruderschaft.

Vorher drehten sich seine Chakras von rechts nach links und jetzt mit diesen Übungen drehen sie sich in positiver Weise im Uhrzeigersinn.

Diese Übungen verhindern das Träumen vollständig, und während der Körper schläft, ist der Mensch in den inneren Welten bewusst. Das wird das Resultat dieser Übungen sein.

Das Bewusstsein der Träume ist ein Überbleibsel unseres tierischen Bewusstseins, das wir früher besessen haben. Die Tiere leben ein Leben von bildhaften Träumen.

Es wird viele geben, für die es mühsam sein wird, willentlich mit dem Astralkörper zu reisen, die Übungen dieser Lektion des Sternzeichens Zwillinge werden jedoch *unvermeidlich* ihr Bewusstsein erwecken, und während ihre Körper im Bett schlafen, werden sie trotzdem bewusst in den inneren Welten arbeiten; das Wichtige ist, dass sie sich beim Erwachen gut an ihre astralen Erfahrungen erinnern, die jetzt keine *Träume* mehr sind, sondern *bewusste Erfahrungen*.

Um das zu erreichen, ist es wichtig, sich beim Erwachen nicht zu bewegen und eine retrospektive Übung zu machen, um sich gut an alles, was man außerhalb des physischen Körpers getan hat, zu erinnern.

Jeder Mensch befindet sich, wenn er schläft, außerhalb seines physischen Körpers; diejenigen mit schlafendem Bewusstsein *träumen* und diejenigen mit erwachtem Bewusstsein *arbeiten* bewusst.

Vierte Lektion

In dieser Lektion über das Sternzeichen Krebs lehrten wir unsere Schüler, den physischen Körper für die praktische Magie vorzubereiten.

Iamblichus, der große Theurg ließ einmal vor den erstaunten Mengen zwei Genien erscheinen: die Liebe und die Gegen-Liebe (Anael und Lilith).

Iamblichos machte die siderischen Götter sichtbar und greifbar und das können auch unsere Schüler tun, wenn sie ihren physischen Körper *vorbereiten.*

An dem Tag, an dem die Menschheit lernt, die lunaren Kräfte zu lenken, wird der Mond auf die Erde fallen, denn der Mensch wird ihn dann nicht mehr brauchen.

Fünfte Lektion

In dieser Lektion über das Sternzeichen Löwe lehrten wir den Schüler, wie er durch die innerliche Meditation mit seinem eigenen inneren Meister sprechen kann.

Darana (Konzentration), Ayana (Meditation) und Shamadhi (Ekstase) sind die drei Stufen, die uns bis zum Thron des inneren Meisters, dem Innersten jedes Einzelnen, führen.

Der Schüler muss lernen, mit seinem eigenen *Innersten* zu sprechen und er muss mit seinem eigenen Innersten sehr fordernd sein.

Der Schüler muss Anweisungen von seinem eigenen Innersten erhalten und es ist die Pflicht des Innersten, seinem Bodhisattwa, d. h. seiner zum Licht strebenden Seele, Anweisungen zu geben.

Die Lehre des Shin-Sien lehrt, dass der menschliche Verstand wie ein Spiegel ist, der jedes Staubatom anzieht und widerspiegelt und jeden Tag abgestaubt werden muss, bis er sich in einen Christus-Verstand verwandelt.

Shin-Sien war der sechste Patriarch Nordchinas, der die esoterische Lehre des Bodhidharma verbreitete.

Die innere Herzkammer wird in Sanskrit *Brahma Pura* genannt (Stadt des höchsten Gottes). Der Schüler muss sich in einen Meister des Samadhi verwandeln. Bodhidharma ist die Religion der Weisheit in China.

Die Lehre des Herzens wird Siegel der Wahrheit oder das wahre Siegel genannt.

Sechste Lektion

In dieser Lektion über das Sternzeichen Jungfrau lehrten wir den Schüler, dass sich die von der Erde aufsteigenden Kräfte im Bauch mit Adrenalinhormonen aufladen, um sich für ihren Aufstieg zum Herzen vorzubereiten. Wir lehrten auch die Vokalisierung des Vokals U, um das Chakra des Solarplexus oder das Gehirn der Emotionen zu entwickeln.

Der Solarplexus ist die Antenne, die die entfernten Gedanken empfängt und mit ihr können wir die moralischen Zustände all derjenigen, die mit uns in sozialem oder geschäftlichem Kontakt stehen, erfassen.

Siebte Lektion

In dieser Lektion über das Sternzeichen Waage lehrten wir unsere Schüler das Gesetz des Gleichgewichts. Drei Eigenschaften der Natur halten die Seele als Sklave der Natur: Harmonie, Emotion und Trägheit.

Das sind die drei Eigenschaften der Natur. Bevor dieses Universum existierte, gab es nur Akasha und Prana.

Die drei Eigenschaften Sattva, Rajas und Tamas (Harmonie, Emotion und Trägheit) lebten in vollkommenem Gleichgewicht, aber als dieses Gleichgewicht verloren ging, kam die Bewegung der großen Waage der Natur, Ebbe und Flut, Gut und Böse, Hass und Liebe, usw.

Damals geschah es, dass die menschlichen *Innersten* in diese große Universität der Natur eintraten; und hier involutionieren wir und hier evolutionieren wir, und wenn wir uns von der Natur befreien wollen, müssen wir die drei Eigenschaften der Natur, genannt Harmonie, Emotion und Trägheit, transzendieren.

Wir müssen gleichgültig sein gegenüber Sieg und Niederlage, Freude und Schmerz, Lob und Tadel, und wenn die gesamte Natur ihr ursprüngliches Gleichgewicht wiedererlangt, werden die Kontinente in den Meeren untergehen und es wird viel Feuer geben und die Meere werden verdampfen und die Dämpfe werden sich in ihre atomaren Bestandteile zerteilen und alles wird zum ursprünglichen Akasha, zur kosmischen Nacht, zurückkehren, zum urzeitlichen Gleichgewicht der großen kosmischen Waage.

Dies geschieht nach der Aktivität eines Mahamanvantara, das 311 040 000 000 000 Jahre dauert. Alle großen Naturkatastrophen wurden durch Feuer verursacht.

Achte Lektion

In diesem Kurs lehrten wir den Schüler, Kundalini durch die Sexualmagie zu erwecken.

Die Drachen der Weisheit bilden sich mit der Wissenschaft der Schlange und der *Drachen-Baum* ist die Weisheit der Schlange selbst. Das reine Akasha zirkuliert durch den Kanal von Sushumna und seine zwei Aspekte fließen durch Ida und Pingala, die Brahmanenschnur.

Die Kordeln von Ida und Pingala sind die zwei Säulen J und B der Freimaurer, genannt Jachin und Boas. Durch diese zwei Nervenkanäle steigen die solaren und lunaren Kräfte auf, die, wenn sie mit dem Steißbein in Berührung kommen, *Hiram*, das göttliche Feuer, erwecken, welches den Tempel Salomons (der Innerste) erbaut.

Hiram ist auch ein Mantram für Kundalini. Das H wird wie ein Seufzer gesprochen.

Das I wird so gesprochen: iiiii; und der Rest so: rrrrrrrrrrraaaaaaaaammmmmmmmmm.

Das Feuer hat sieben Grade der Macht, welche die sieben Grade der Macht des Feuers sind, die sieben Stufen des Wissens. Die Sexualmagie verwandelt uns in allmächtige Drachen des Feuers.

Neunte Lektion

In dieser Lektion über das Sternzeichen Schütze sprachen wir über die heilige Kabbala, denn Schütze ist das Zeichen der Hellsichtigkeit und des Verständnisses.

Wir erklärten, dass es zwei Arten von Kabbalisten gibt: die Kabbalisten des Verstandes und die Kabbalisten der Intuition.

Der Verstand ist eine Gehorsamsverweigerung und eine Majestätsbeleidigung gegenüber dem inneren Meister, und deshalb sind die Kabbalisten des Verstands schwarze Magier.

Die großen intuitiven Kabbalisten denken nicht, sie verstehen durch die direkte Wahrnehmung und hören auf die Stimme der Stille, wenn sie eine Karte des heiligen Tarot betrachten.

Zehnte Lektion

In der Lektion über das Sternzeichen Steinbock sprachen wir von der wahren planetarischen Reihenfolge und dem richtigen Kalender, der von der römisch katholischen Sekte verfälscht und verändert worden ist.

Wir sind der Ansicht, dass die Astrologie dieses schwarzen Zeitalters auf einem verfälschten Kalender basiert und glauben, dass die Astrologie der Arithmetik für das Wassermannzeitalter nicht mehr taugt.

Elfte Lektion

In dieser Lektion erklärten wir unseren Schülern, dass die hermaphroditischen Menschen sich durch Sporen vermehrten, und dass diese sich von den Waden lösten.

Vielen Menschen werden unsere Behauptungen verrückt erscheinen, aber der Hellsichtige kann selbst in der Akasha Chronik forschen und unsere Behauptungen bestätigen.

Die Frauen eines zukünftigen Zeitalters werden ohne Mann schwanger werden und die zukünftigen Hermaphroditen werden ihre eigenen Körper durch das Wort erschaffen.

Das große sympathische Nervensystem wird sich in eine zweite Wirbelsäule verwandeln und die Engel-Menschen dieser Zeit werden wie Melchisedek, der König des Feuers, sein, ohne Vater und Mutter, ohne irgendeine bekannte Abstammung und Priester für immer und ewig.

Zwölfte Lektion

In dieser Lektion sprachen wir ausführlich über das Nirvana.

Ich behaupte, dass man das Nirvana erreicht, indem man die Kräfte unseres Rückgrats und unseres Samens bis auf das Äußerste nutzt.

Wer Sexualmagie praktiziert, beginnt, das strahlende Gewand des Dharmasaya zu erschaffen. Die Tunika der Dharmasayas wird mit den sexuellen Feuern gewebt.

Ich behaupte, dass wir das Nirvana mit einer einzigen, gut genutzten Inkarnation erreichen können. Ich, Samael Aun Weor habe diesen Kurs für euch geschrieben, damit ihr das Nirvana schnell und in wenigen Jahren erreicht. Ich will weder Anhänger noch Jünger, sondern nur Nachahmer meines Beispiels.

Ich bin nicht gekommen, um eine weitere Sekte oder einen weiteren Glauben zu bilden, mich interessieren weder die heutigen Schulen noch die persönlichen Glaubensrichtungen von irgendjemandem. Ich bin der Begründer des neuen Zeitalters, ich bin der Avatar des Wassermannzeitalters.

Alle Herren der Logen oder spiritualistischen Schulen wachen eifersüchtig über ihre „Papageienkäfige“ und haben mir den Krieg erklärt. Ich sage diesen Tyrannen, dass sie ruhig bleiben sollen, denn Meister Samael Aun Weor interessiert sich weder für diese Käfige noch für diese Geschäfte noch für diese Vermarktung von Seelen.

Ich habe diesen Kurs geschrieben, damit alle Menschen sich in allmächtige Götter verwandeln, in Götter des Feuers, in unaussprechliche Flammen.

Ich möchte weder Schwächlinge noch Feiglinge sehen; die Stunde der großen Entscheidungen ist gekommen und wir brauchen heldenhafte Menschen, tapfere´Menschen, mutige Menschen.

Keine Ausbeutung mehr, keine Niederträchtigkeiten mehr, keine Feigheit mehr!

Das Nirvana haben wir im Samen und es ist nur eine Frage des Mutes, es in jedem von uns zu verwirklichen: jetzt brauchen wir Menschen aus Stahl, heldenhafte Menschen, freie Menschen. Wir müssen immer ein starkes und allmächtiges Ich haben und eine mächtige und starke Persönlichkeit.

Ich kenne das Nirvana und kann versichern, dass alle Bewohner des Nirvana starke und allmächtige Götter mit robusten und mächtigen Persönlichkeiten sind.

Friede sei mit euch,

Samael Aun Weor